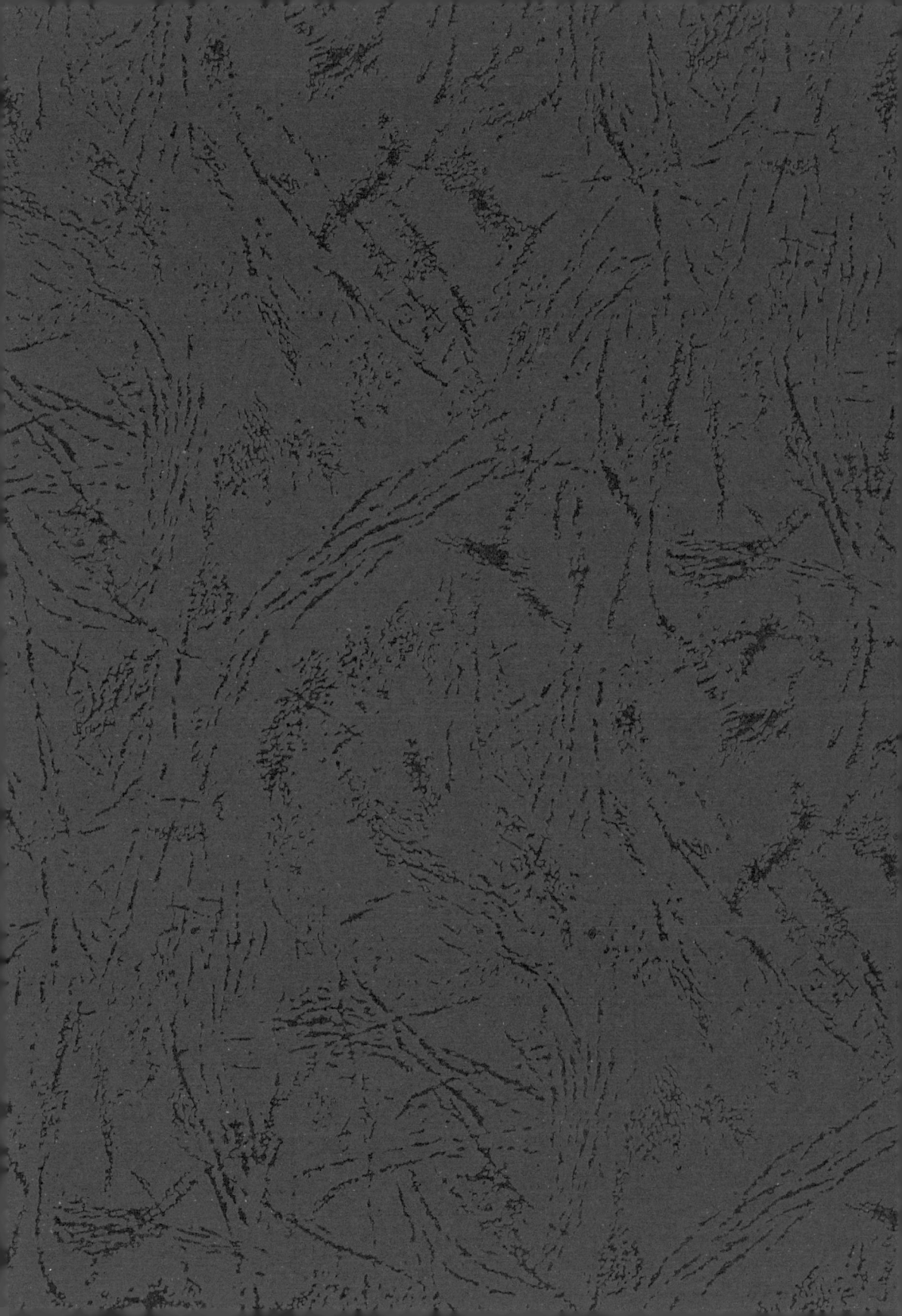

青少年探索发现丛书

（人文历史卷）

全彩图文版

不可思议的财富故事

杨红林 等 编著

独特视角　讲述历史上最不可思议的敛财神话

京华出版社

全国百佳出版社
CCTP
中央编译出版社
Central Compilation & Translation Press

图书在版编目（CIP）数据

不可思议的财富故事 / 杨红林等编著 . —北京：京华出版社，2010.10
（青少年探索发现丛书）

ISBN 978-7-5502-0004-3

Ⅰ.①不… Ⅱ.①杨… Ⅲ.①商业史 – 世界 – 青少年读物 Ⅳ.① F731-49

中国版本图书馆 CIP 数据核字 (2010) 第 195905 号

不可思议的财富故事

著　　者 □ 杨红林等

出版发行 □ 京华出版社

　　　　　（北京市朝阳区安华西里一区 13 号楼 2 层　　100011）

　　　　　（010）64258473　　64255036　　64243824（发行部）

　　　　　（010）64258472　　64251790　　64255650（编辑部）

　　　　　E-mail:80600pub@bookmail.gapp.gov.cn

印　　刷 □ 三河市华新科达彩色印刷有限公司

开　　本 □ 720mm×1000mm　　1/16

字　　数 □ 220 千字

印　　张 □ 13.5

版　　次 □ 2010 年 10 月第 1 版　　第 1 次印刷

书　　号 □ ISBN 978-7-5502-0004-3

定　　价 □ 36 元

青少年探索发现丛书（人文历史卷）

不可思议的财富故事

一

郁金香换别墅：
荷兰人疯了

你能相信吗？一株看起来跟洋葱头无异的郁金香球茎居然可以换一栋别墅！告诉你，这一切绝非传说，而是300多年前发生在风车之国荷兰的一个神话。难道荷兰人疯了吗？

不可思议指数：★★★★★

郁金香的致命诱惑 ▷▷▷

　　提起郁金香，相信很多人首先就会联想到荷兰。不错，美丽娇艳的郁金香几百年来都被视为荷兰的象征。作为荷兰当之无愧的"国花"，郁金香至今仍在为这个低地国家带来巨大的财富，这个名副其实的"郁金香王国"所出产的郁金香畅销120多个国家，出口量则占全世界总出口量的80％以上，堪称荷兰的经济命脉之一。

　　郁金香是在16世纪中叶才从东方辗转传入荷兰的。在当时人们的眼中，它的美艳令人倾倒，而它的名贵稀有更成为富商显贵们争相收藏和攀比的对象。那时候，谁家的后花园里若没有一株像样的郁金香，简直是无法想象的事情。为了在互相攀比中占得先机，阿姆斯特丹的一些富翁甚至不惜重金派人直接到君士坦丁堡抢购名

■ 美丽的郁金香在风车之国荷兰曾拥有不可思议的身价

贵的郁金香。在抢购风潮中，郁金香的价格也水涨船高。

进入 17 世纪 30 年代后，对郁金香的狂热进一步在荷兰蔓延开来，就连一些向以理性著称的学者也加入进来。典雅高贵的郁金香新品种很快就风靡了欧洲上层社会，在礼服上别一株郁金香成为最时髦的服饰，贵夫人在晚礼服上佩戴郁金香珍品也成为显示地位和身份的象征。在盛行奢侈之风的法国巴黎，据说一株最好的郁金香球茎的价钱竟相当于 110 盎司黄金。另据记载，巴黎的一位富家小姐出嫁时，所有的嫁妆，竟然就是一株稀有品种的郁金香球茎。

不久，这股由上层人士掀起的波澜很快就席卷了每个阶层。先是钱包刚刚鼓起来的中产阶级加入到这支庞大的收藏大军中来，郁金香成了他们梦寐以求的"仙花"。接着，这股不可阻挡的欲望潮流又征服中下层人们的心，普通商人、小业主，甚至连经济状况不那么殷实的人也开始竞相攀比，互相炫耀谁家拥有的郁金香品种更多、更珍稀，谁肯为买花而一掷千金。据说在哈拉姆城，一位商人

郁金香的历史

郁金香原产于地中海沿岸的土耳其和小亚细亚，随着奥斯曼土耳其帝国势力的扩张，郁金香才逐渐流传到欧洲各地。1554 年，奥地利驻君士坦丁堡的大使在奥斯曼帝国的宫廷花园里第一次见到高贵的郁金香，惊艳之余，他把一些郁金香的种子带回维也纳，送给他的好友、著名的植物学家和园艺学家克卢修斯。1593 年，克卢修斯受聘担任荷兰莱顿大学植物园的主管，就随身携带了一些郁金香球茎来到荷兰。从此以后，郁金香逐渐在荷兰流传开来。

在 17 世纪初，经过一些人的炒作，郁金香在荷兰的身价突然暴涨

为了购买一株稀有的郁金香，甚至不惜花掉一半的家财。虽然代价巨大，但他却因此而名噪一时，换来了无数羡慕的眼光。当时的荷兰人甚至认为，如果一户有钱人家没有收藏郁金香这种奇花异卉，那只能证明这家人缺乏品味，情趣低俗。

郁金香换别墅的神话 ▶▶▶

民众对郁金香的热情终于撩拨起了投机分子的神经，从1634年开始，一股郁金香投机狂潮已席卷了整个荷兰王国，从莱顿到阿姆斯特丹，从鹿特丹到哈勒姆，荷兰人就好像陷入了集体癫狂之中，无论是富户名流还是市井小民，人人争着抢着加入郁金香买卖的大潮。随着需求量日渐扩大，那些投机分子便开始展开有计划的行动，致使郁金香的价格成倍上涨。到1635年时，即便是最普通的单色品种，其价格也炒到了荷兰人均年收入的6倍以上。到1636年时，一株名贵的郁金香可以换来的物品足以让我们目瞪口呆，它们包括八只肥猪、四只肥公牛、两吨奶油、一千磅奶酪、一个银制杯子、一包衣服、一张附有床垫的床外加一条船，如果将物价变动因素考虑进来，这些东西的价格加起来恐怕要超过好几万美元，在今天完全可以买一部高级轿车了。更有报道说，某位仁兄因手中握着一株罕见的郁金香，居然用它换来了一栋别墅。

一切都在朝着投机分子们所期望的方向发展，他们欣喜若狂地发现，在短短的几个多月间，郁金香的价格被抬高了十几乃至几十倍。至此，人们购买郁金香已经不再是为了其内在的价值或作观赏之用，而是期望其价格能无限上涨并因

▨郁金香狂热期间诞生的一些价值连城的品种

4

此获利。起初，郁金香还是以球茎的现货来买卖，所以交易主要在冬天进行，但是郁金香是如此受欢迎，使得无论什么季节都有交易的需求。随着郁金香交易的频繁，各种一夜暴富的故事纷纷冒出来，受巨大利益的诱惑，就连社会底层的工匠和农民也活动开了心眼。尽管他们缺乏资金，但也怀着满腔热血进入了郁金香交易市场。这时，荷兰人的商业天才再次显露出来。不管是季节的限制还是资金的匮乏，都阻挡不住郁金香在交易市场中的流转，而其主要的手段就是期货交易。这种交易的模式并非前往正式的证券交易所，而是前往酒馆；交易也不需要使用现金或是现货的球茎，而是提出一份"明年四月支付"或"那时候会交付球茎"之类的票据，再加上少许的预付款即可完成交易。所谓的预付款也并不限定只能使用现金，无论是家畜或家具，只要可以换钱都可以抵用。可以想象，这种预付制度自然会吸引原本完全没有资金的投机者加入进来。而这又进一步导致郁金香的需求量更加膨胀，结果就连那些非常便宜的品种也迅速上涨。

在众多的郁金香品种中，最昂贵的当数"永恒的奥古斯都"，据说在1636年初，全荷兰一度

知识链接

荷兰盾

荷兰盾是荷兰王国的货币名称，由荷兰银行发行。1荷兰盾等于100分(Cents)。有5、10、25、50、100、250、1000盾的钞票，及1、2.5、5、10、50盾和5、10、25分铸币。

荷兰盾于15世纪开始流通，2002年1月28日起荷兰本国货币荷兰盾全面停止使用。其中纸币于1999年停止流通，被欧元取代，硬币于2002年被欧元硬币取代，这是自2002年1月1日欧元流通以来欧元区国家第一种正式退出历史舞台的货币。但是荷兰盾在荷属安的列斯至今仍然流通。

17世纪初期流通的荷兰盾

只有两株"永恒的奥古斯都"，还都不是最好的品种。其中的一株为阿姆斯特丹的一位商人所有，另一株则在哈拉姆。为了得到它们，人们纷纷急不可耐地出高价竞购。有一位贵族情愿将自己名下的一块 12 英亩的地产来换取哈拉姆的那株"永恒的奥古斯都"，而阿姆斯特丹的那一株则以 4600 弗罗林（注：1 弗罗林约相当于 6 美元）的高价卖出，买主同时还附送了一辆新马车、两匹骏马和整套鞍具。

曾经有这么一个真实的故事，也许可以更加生动地说明当时荷兰人的迷狂。据说海牙有一个鞋匠，在一小块种植园上培育出了一株罕见的"黑色"郁金香。消息传开后，一伙来自哈勒姆的种植者拜访了他，说服他把花卖给他们。最后，鞋匠以 1500 荷兰盾（约相当于 10,000 美元）的高价把自己的宝贝卖给了他们，没想到，买家中有一个人立即把黑色郁金香摔到地上，用脚将其踩成一滩烂泥。鞋匠惊呆了。买家们却轻松地解释说，他们也培育出了一株黑色郁金香，为了确保自己的花是独一无二的，他们情愿付出一切代价，若有必要，上万荷兰盾也在所不惜。

人人都做发财梦 ▶▶▶▶

随着越来越多的投机者因转卖郁金香而致富，整个荷兰都陷入到这场狂潮中了。在举国丧失理智的情形下，郁金香在各地的证券交易市场中也成为座上宾了。在阿姆斯特丹、鹿特丹、哈拉姆、雷顿、阿克马、霍恩以及其他城市的一批股票交易所中，纷纷出现了郁金香投机现象。由于股票经纪商们天生就对种种投机事件特别敏感，因此他们也开始大规模地进行郁金香交易，利用各种手段操纵郁金香价格的涨跌。更有甚者，有的股市竟将郁金香分割成细股，降低投机者的门槛，使得投机者可以买到几分之一的郁金香，增加交易容易度。在投机的高潮阶段，似乎所有参与者都是赢家，因为每个赌徒都一度获得了好处。郁金香批发商们更是这场赌博的大赢家，他们兴致勃勃地通过操纵"郁金香股票"的升降坐收渔人之利。通过在价格低时低价买进，价格高时高价卖出，许多人在一夜之间成了百万富翁。

一时之间，几乎每个荷兰人都做起了发财梦，他们天真地幻想这股郁金狂潮能够永远持续下去，因为那样一来，世界各地的富翁们将蜂拥而至，用黄澄澄的金子将荷兰的郁金香统统收入囊中。由于对未来如此乐观，以至于无论是贵族、市民还是农夫、机械师、水手、贩夫走卒、女仆，甚至连打扫烟囱的清洁工和洗衣妇也都加入到郁金香投机之中。人们不管贫富，争着把自己的财产兑换成现金，然后一股脑儿投入到郁金香买卖中。更有许多人，为了凑足本钱，竟把自己的房产贱价出售或抵押，导致荷兰的房地产市场一片混乱。

当听说了荷兰的财富神话后，欧洲邻居们再也坐不住了。为了赶紧掘到自己的"一桶金"，欧洲各国的投机者纷纷涌入这个国家。大批投机者的到来，甚至造成各种生活必需品的价格随之一路上涨，房屋、土地、马匹、马车，以及其他奢侈品的价格一度居高不下。荷兰政府这时发现，郁金香投机热已经从城市蔓延到了国家的各个角落。在一些小城镇里，由于没有交易所，郁金香交易者们便集中在一些热闹的酒馆饭铺里做起了生意，人多的时候甚至能吸引二三百人。

关于这场郁金香狂热，当时的目击者为后人留下了极为详尽的记录，其中的一些故事，让人读起来真是为之语塞。一位名叫布莱恩威勒的外国游客曾记载了这样一则有趣的故事：有一次，一位因拥有罕见的珍品郁金香而洋洋自得的富商，在一名水手的帮助下做成了一笔大生意。为了酬谢水手，富商把水手叫到账房，慷慨地奖

■ 在郁金香泡沫期间，荷兰人几乎全部丧失了理智，纷纷投身于虚幻的交易中。图为画家扬·勃鲁盖尔就此创作的讽刺画

赏给他一条红鲱鱼做早餐。然而，水手却好像格外嗜好吃洋葱。当他看到富商的办公桌上放着一个同洋葱头差不多的东西时，便顺手将它塞进了自己的口袋里，准备拿它给红鲱鱼当配菜。当水手辞别富商回到码头后，富商发现自己那棵价值3000弗罗林的"永恒的奥古斯都"郁金香不见了踪影。为了找到它，所有人都被动员起来，一个角落也不放过。也不知道搜寻了多少遍，郁金香球茎却是踪影全无。富商猛然间想起了那位水手，心急如焚的他就像一阵风一样冲到码头上。等他跑到码头时，发现那个水手正安安静静地坐在一堆缆绳上，津津有味地品尝着最后一瓣"洋葱"呢。他可能做梦也想不到，自己吃掉的这棵"洋葱"足够让船上所有的人生活一年。最后，这个不幸的水手被当作抢劫犯关入大牢。

另一个故事则是一名英国旅行家留下的：这位英国旅行家是一位业余植物学家。有一次，他在一个荷兰富翁家里做客，偶然发现了一株郁金香球茎。由于此前从未见过这种植物，他对其产生了极大兴趣。碰巧主人因事外出，在好奇心的驱使下，他掏出随身携带的小刀，把这株郁金香球茎的外皮一层层地剥了下来，并煞有介事地反复地研究和记录着这颗奇怪的球茎的每一个特征，殊不知他刚刚摧残了"可爱的范·德艾克"。正在这时，郁金香球茎的主人回来了，目睹眼前的一幕，主人情不自禁地大骂道"你是个该死的蠢货！"，"你这该死的魔鬼！你该下地狱！"并咬牙切齿地揪住英国人到市政官那里告状。英国人被带到市政官那里后才知道，那株被他拿来做实验的郁金香球茎竟然值4000弗罗林！

"美丽"神话破灭了 ▶▶▶

陪伴荷兰人玩这场游戏的，还有一部分欧洲邻居，只不过后者所掀起的波澜远远无法与荷兰人相比。1636年，伦敦交易所也逐渐放开，允许人们公开交易郁金香。精明的批发商们想尽一切办法要把郁金香炒到最高价，当然最好是炒到跟在阿姆斯特丹一样高的价位。而在巴

黎，批发商也不约而同地制造了一场郁金香狂热。据说在当时的英国，一株"泰里斯的拉拉"郁金香球茎，其价值可相当于 12 英亩所产的谷物。

当这股狂热到达巅峰时，也就是 1636 年的冬天，人们不仅买卖已收获的郁金香球茎，而且还提前买卖 1637 年将要收获的球茎，一种空前绝后的期货市场就这样诞生了。这时除了上帝之外，恐怕沉浸在郁金香狂热中的人们谁也没有意识到，一场惊天动地的大崩溃已经近在眼前了。

1637 年新年前后，眼看离郁金香实际交货的日期一天天临近了，郁金香的期货合同在小酒店中被炒得热火朝天。然而到 1637 年 2 月，倒买倒卖的人逐渐意识到郁金香交货的时间就快要到了。一旦把郁金香的球茎种到地里，也就很难再转手买卖了。人们开始怀疑并且反省，花这么大的价钱买来的郁金香球茎就是开出花来到底能值多

在全民性的郁金香投机狂潮中，郁金香球茎供应的稀缺直接催生了空前的灾难

少钱？随即，富人们不再热衷于购买天价郁金香，而是以高昂的价格把花卖出。很快，巨大的恐慌就像洪水般势如破竹，一夜之间席卷了整个荷兰。慌乱之下，人们纷纷抛售自己拥有的郁金香，恶性循环最终导致了郁金香市场的全线崩溃。随着郁金香价格的迅速暴跌，荷兰各城市都陷入混乱。绝望之下，人们所能做的只有抱怨、咒骂和指责。转眼之间，众多富豪显贵因破产而沦为乞丐，举家流落街头。至于那些少数脱身及时的幸运

当郁金香泡沫破灭之时，原本奇货可居的郁金香球茎也变成了烫手的山芋

者，的确大发横财。当其他人正陷入痛苦绝望时，他们却在悄然把财产转移到国外，或者投资到英国和其他国家的产业上。

眼看郁金香市场的混乱日益加剧，荷兰政府不得不出面干预。4月27日，荷兰政府决定终止所有的合同。遭此打击之下，荷兰的郁金香投机市场一蹶不振，再也没有恢复过元气来。喧嚣一时的郁金香泡沫虽然只维持了一个冬天，却使整个荷兰感受了几十年的寒冷。作为人类历史上有记载的最早的投机活动，今天的经济学家都把这次郁金香狂热视为"博傻理论"的最佳案例。而所谓的"郁金香泡沫"也昭示了此后人类社会的一切投机活动，尤其是金融投机活动中的各种要素和环节：对财富的狂热追求、羊群效应、理性的完全丧失、泡沫的最终破灭和千百万人的倾家荡产。至于"郁金香狂热"，则被当成一个专业术语，成了经济泡沫的代名词。

从 "救世主" 到 "过街老鼠"：
使法国人倾家荡产的财神爷

当冰岛宣布破产之时，你可曾想到法国也曾面临破产的边缘？
而力挽狂澜、重振法国经济的居然是一位苏格兰的赌徒、异国
的杀人犯！更不可思议的是，这位法国的 "救世主" 仿佛拥有
一双神奇的魔手，居然能令法国全民一夜暴富，一度成为法国
人感恩戴德的 "财神爷"，可是，这位 "财神爷" 转瞬间却又令
法国人倾家荡产，变成人人喊打的过街老鼠……

不可思议指数：★★★★★

苏格兰赌徒来了 ▶▶▶

1715 年，法国历史上最著名的国王路易十四（1638—1715 年）驾崩，他年仅 7 岁的孙子继位，即路易十五，后者的叔父奥尔良公爵则被指定为摄政王，辅佐小国王主持朝政。而此时，由于路易十四时期的穷兵黩武，法国的金融信用已到了岌岌可危的地步，国家的财政也面临崩溃的边缘。当时国家的外债总额竟高达 30 亿利弗尔，而国家每年的税收收入总共才有 1.45 亿利弗尔，仅政府开支就要花费 1.4 亿利弗尔。对于这种情形，想必今天的人们并不陌生。就在不久前，由于受 2008 年全球金融危机的冲击，北欧小国冰岛竟濒临"国家破产"的境地。据估计，这个仅有 30 万人口的国家所负的债务居然高达 1383 亿美元，而其国内生产总值则只有 193.7 亿美元。愤怒之余，冰岛民众在 2010 年 3 月通过公投的方式否决了政府支付储户损失的议案。由此我们可以想象，当时的法国政府是多么危险。

为了设法彻底扭转这种极度危险的局面，奥尔良公爵虽然对经济几乎一窍不通，也不得不硬着头皮组织了一个委员会来研究解决的办法，要求各位大臣出谋献策。其中，地位举足轻重的贵族圣西蒙公爵认为，必须立即采取一个大胆而又危险的措施来避免整个国家陷入革命的危机，那就是宣布法兰西政府破产。显然，这是一个很缺德的损招儿，因为届时国家的信用将荡然无存，因此另一位贵族诺阿勒公爵坚决反对圣西蒙的建议。他说这种做法既十分冒险又十分不智，很可能会给国家带来毁灭

▲ 年幼的路易十五

性的打击。但更糟糕的是，诺阿勒公爵所支的招儿也好不到哪儿去——他建议政府实行货币贬值政策。摄政王同意了诺阿勒的意见，却没料到后者的这一措施令本已奄奄一息的国家财政雪上加霜！就在法国人倍感迷惘之际，一位"救世主"降临了。而这位"救世主"之所以能够登上法国的历史舞台，还要归功于奥尔良公爵的那双"慧眼"。

被奥尔良公爵发现的这位"救世主"名叫约翰·劳，一个经历了传奇生涯的苏格兰人。约翰·劳出生于一个银行家家庭，刚满14岁时，约翰·劳就被送到父亲的会计事务所中当学徒。在三年间，他勤奋学习商业知识，并对苏格兰银行业的操作有了一定了解。学徒期满后，时值父亲去世，约翰·劳便离开会计事务所，带着父亲留下的遗产前往伦敦闯荡。

就像很多富家子弟一样，年轻气盛、虚荣奢侈的约翰·劳很快就成了伦敦各家赌场中的常客。不过与其他花花公子不同的是，他并不盲目挥霍，而是将自己的天赋运用到赌博中。据说，赌场中的约翰·劳从不随便出手，总是在头脑中经过周详的数学计算后才下注，因此他总是令人羡慕地赚到钞票。更夸张的一种记载甚至说，他当时竟成了伦敦所有赌徒的崇拜对象，人们相信跟随他就能在赌桌上翻盘赢大钱！正所谓"常在河边走，哪能不湿鞋？"就这样在伦敦度过了九年放荡、奢靡的生活后，被尊为"赌圣"的约翰·劳终于滑向了深渊。随着赌注下得越来越大，他那计算机一样的大脑也出了问题。结果有一次，约翰·劳输

■ 路易十五的叔父摄政王奥尔良公爵

奥尔良公爵

奥尔良公爵（法语：Duc d'Orléans）是从1344年开始使用的一个法国贵族爵位，以其最初的封地奥尔良命名。这一称号主要被授予王室的亲王。

这里所说的奥尔良公爵为1715年到1723年的法国摄政王腓力二世（1674年~1723年），他也是路易十四国王的侄子。

了一大笔钱，不得不抵押所继承的地产以偿付债务。几乎就在同时，由于被卷入一桩桃色事件，他在一场决斗中打死了一位名叫威尔逊的先生。事发之后，为了逃避死者亲属的控诉和英国法庭的审判，约翰·劳被迫逃之夭夭，渡过英吉利海峡来到欧洲大陆。

在欧洲大陆，约翰·劳漫无目的游历了3年，之后再次混迹于赌场，这一混就是14年。此时的约翰·劳已今非昔比，眼界大为开阔的他几乎对欧洲各国货币、贸易政策了如指掌。作为一个技术精湛的资深赌徒，他在欧洲各大赌场里都声名显赫，当时的人们普遍认为他是全欧最擅算计、最会利用错综复杂的概率创造机会的精明人。然而在寻常人看来，一名赌徒能给国家带来什么好的方面？结果约翰·劳作为来自国外的"危险人物"，常常遭到当地政府的驱逐。即使在号称全欧洲最自由浪漫的巴黎，警方同样对他不欢迎，命令其尽快自动消失。幸运的是，几乎已走投无路的约翰·劳开始交好运了，因为法国宫廷中几位重要的权贵如旺多姆公爵、孔蒂王子和奥尔良公爵等都对他颇为赏识，并出面使他在巴黎留了下来。

对约翰·劳而言，来自奥尔良公爵的友谊将彻底改变他的命运。由于双方十分投缘，约翰·劳终于找到了一生中最重要的知音，而他在金融方面独特的主张也逐渐被公爵所接纳。对于身处火山口的公爵来说，约翰·劳简直就如同黑暗中的一线光明。

法国的"救世主"

在奥尔良公爵的引见下，胸怀壮志的约翰·劳降临到法国朝臣面前。而当他陈述了自己的计划后，立即就得到了权贵们最热烈的欢呼。他征服权贵们的理论主旨就是：如果没有纸币，一个国家的兴盛就只是空谈！有备而来的约翰·劳向摄政王提交了两份备忘录，指出由于流通中的货币量远远不能满足经济运行，所以导致了法币屡屡贬值和可怕的金融危机。他指出，在一个商业国家，如果仅有金属通货而缺少纸币的辅助，庞大的货币需求量永远都会处于失衡状态。与此同时，他专门引述英国和荷兰的例子来说明纸币的好处和优越性，建议法国应该建立一家专门

法国人的"救世主"约翰·劳画像

负责管理财政税收的银行，并以这些税收和不动产为基础发行纸币。为了进一步宣传自己的主张和显示自己卓越的金融理论，约翰·劳还把自己撰写的有关金融和贸易的论文译成法文刊登在报纸上。一时之间，这位昔日的赌徒和流浪子便成了法国家喻户晓的人物。

在约翰·劳的极力游说下，奥尔良公爵欣然接受了他的全盘计划。1716年5月5日，法国政府发布命令，授权约翰·劳与他的兄弟一起，成立一家名为"劳氏公司"的银行，由这家银行发行的纸币可以用来缴税。银行的资本金为600万利弗尔，每股500利弗尔，共1.2万股。其中四分之一可以用金属货币购买，剩余的四分之三以公债的形式供人们购买。为了增加约翰·劳的底气，法国政府还批准了他在备忘录中请求的所有特权。有了政府的强力支持，加上他本人三十年来所积累的丰富的金融知识，约翰·劳终于开始迎来了一生中最辉煌的时刻。很快，奥尔良公爵惊讶地发现，由于劳氏银行所发行的纸币可以随意购买、兑换，而且发行后还可保证价值不变，人们开始信任纸质货币，最终纸币的价值甚至超过了黄金、白银等金属货币。更令奥尔良公爵兴奋的是，约翰·劳所倡导的新货币政策又进一步刺激了法国商业的复苏。

知识链接

纸币的历史及现状

中国是世界上使用纸币最早的国家。世界上最早出现的纸币，是中国北宋时期四川成都的"交子"。首次在欧洲使用的纸币是1661年由瑞典银行发行的，不过那时发行纸币只是权宜之计，并不是作为真正的货币。1694年，英格兰银行创立，开始发行银单。银单最初是手写的，后来才改为印刷品。

目前世界上共有200多种纸币，流通于世界193个独立国家和其他地区。作为各国货币主币的纸币，精美、多侧面地反映了该国历史文化的横断面，沟通了世界各国人民的经济交往。目前世界上比较重要的纸币包括美元、欧元、人民币、日元和英镑等。

劳氏银行发行的纸币

没过多久，劳氏银行的分店就遍布法国各地。

为了酬谢这位法国的救星，奥尔良公爵又不断授予他新的特权，使劳氏公司居然垄断了法国的烟草销售市场，独揽在国内铸造金银币的大权。到最后，劳氏银行竟摇身一变成了法兰西皇家银行！而当约翰·劳的这家银行刚刚从私营转为皇家中央银行后，摄政王就命令它发行了面值 10 亿利弗尔的新币。不要忘记，约翰·劳原本只是一个来自苏格兰的逃亡者。地位得到巩固后，约翰·劳又将全部精力投入到一项重大生财计划上。随后发生的故事证明，这项计划将使整个法国都陷入疯狂。

早起一贫如洗，晚上百万富翁 ▶▶▶

受初步成功的鼓舞，约翰·劳又不失时机地向摄政王奥尔良公爵提出了一项更雄心勃勃的计划，如果该计划获得成功，法国政府将彻底摆脱以前所欠下的巨额债务。他提议建立一家公司，该公司将拥有与密西西比河广阔流域以及河西岸路易斯安那做交易的专有特权。当时，密西西比河流域作为法国在北美洲的新殖民地尚未得到开发，而许多法国人往往异想天开地相信那里遍地都是黄金，因此当神通广大的约翰先生一经提出这个宏伟的计划，他们便认定，劳氏银行和法国政府如能独占这个极具吸引力的大市场，无疑将获得空前的暴利。凑巧的是，由于进展缓慢，原本拥有法属殖民地路易斯安那贸易许可权的商人安托尼·克罗扎特已向政府交还了许可证。于是在公众的期待中，"西方公司"（民间多称为密西西比公司）于 1717 年 8 月成立了，同时获得政府的

由于受到奥尔良公爵的器重，约翰·劳得以着手在法国大干一场。

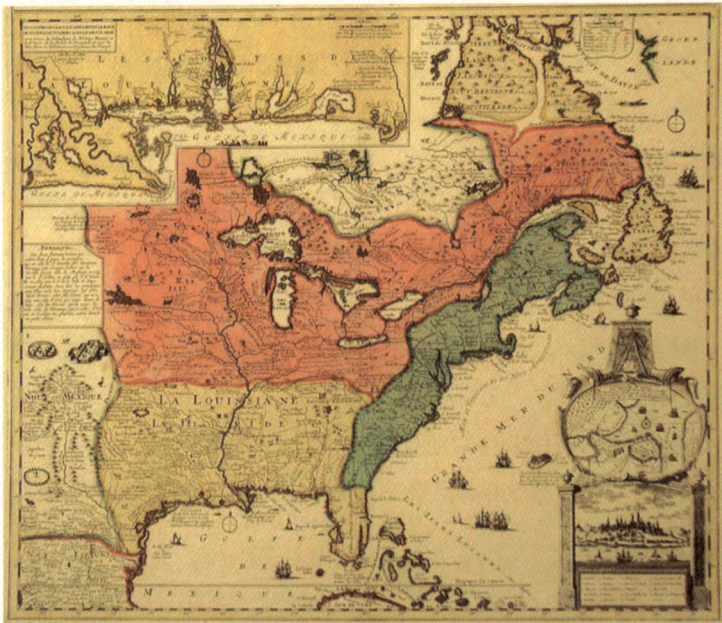

18 世纪中期的路易斯安那

贸易授权书，即在 25 年内自由开发路易斯安那。成立之初，为了组织贸易，约翰·劳为新公司注入了 1 亿利弗尔的资本，公司资本被划分为 20 万股，每股 500 利弗尔，这些股票可以用公债抵付，而作为补偿，政府有义务在接下去的 25 年时间里每年向该公司支付 4%，也就是 400 万利弗尔的利息。

不过当密西西比公司刚刚起步时，约翰·劳也曾经历了短暂的困境。由于投资者多持观望态度，致使该公司股票的出售在最初极其缓慢，好不容易才从 500 利弗尔涨到 530 利弗尔。幸运的是，约翰·劳总能从摄政王那里得到源源不断的支持。1719 年年初，政府又颁布了一项法令，授予密西西比公司在东印度群岛、中国、南太平洋诸岛以及法国东印度公司所属各地进行贸易的特权，甚至连法国东印度公司本身也被并入了密西西比公司。受各种利好消息的刺激，密西西比公司股票的价格很快攀升至 750 利弗尔。为了能够说动法国公众对增加的资本产生兴趣，从而把股价维持在高价位上，约翰·劳充分施展其"忽悠"的才华，利用手中令人羡慕的

知识链接

路易斯安那的发现及数次易主

据记载，第一个发现路易斯安那州北方的河谷是西班牙人赫南多·迪·索多。1682 年，法国探险家拉萨尔以当时法国国王路易十四的名字命名这一地区为路易斯安那，意为"路易的土地"。1731 年成为法国殖民地。1762 年归属西班牙。1800 年重归法国。1803 年美国以 1500 万美元从法国购入自密西西比河到落基山脉的整个地区，其中包括路易斯安那。

17

资源，到处进行宣传。据说，约翰·劳非常善于通过不断开发新的大型金矿和采取各种手段来引起投机者的淘金幻想。他甚至出钱印制了大量书籍和传单，用蛊惑性的语言形容路易斯安那遍地都是黄金，并声称那里存在着一处巨大宝藏。就这样，没过多久，成千上万的股东和持币观望者深信，密西西比公司将给所有投资者带来惊人的收益。更绝的是，曾经身为老资格赌徒的约翰·劳抓住人们投机的心理，订了一个新规矩，即股民只有在出示4股旧股票时才能购买新股票，于是看好密西西比公司的法国民众为了将来能够购买新发行的股票，纷纷去购买股价正在快速上涨的旧股。

眼看密西西比公司的业务的蓬勃发展，约翰·劳又不失时机地增发了5万股新股。有点自信过头的他向众多股民描画出一幅无

■ 在巨大的"密西西比洪流"中，约翰·劳成为无数法国人眼中的"财神爷"，地位如日中天（下图左）。

■ 漫画中被狂热的各色投机分子包围的约翰·劳一副很无奈的表情，随意散发着手里的股票（下图右）。

比光辉灿烂的远景，他甚至不假思索地承诺，将来每份 500 利弗尔的股票每年派发的红利可达 200 利弗尔。而由于股票可以用公债来购买，所以一支票面价值 500 利弗尔的股票仅仅花 100 利弗尔就可以买到。这样算下来，每股的投资回报率竟然达 120%。

约翰·劳很快就不得不面对各种麻烦，各种令他感到幸福的"麻烦"——有太多的人渴望买到这 5 万份新股，据说首批提出申请的就有 30 万人。为了捷足先登，无数人涌向巴黎甘昆普瓦大街约翰·劳先生的住宅，他们将这里挤得水泄不通，急切地渴望自己的名字出现在几周后才确定的新股票持有人名单上。在金钱的诱惑下，即使那些平日故作清高的显贵们也放下架子，屈尊前来拜访约翰·劳先生了。为了满足公众强烈的要求，仁慈的约翰·劳先生决定顺应民意，让更多的人能够"赚"一笔，他决定让密西西比公司再发行 30 万新股，每股发行价仍为 500 利弗尔。当新股发行时，立即就被公众一抢而空，而面值为 500 利弗尔的股票实际成交价平均高达 5000 利弗尔。

随着密西西比公司的股价不断上涨，有那么一段时间，几乎全法国都在感激约翰·劳先生伟大的魔力，因为确实有许多人通过交易密西西比公司的股票赚了大钱。由于股票的价格起落无常，有时甚至在几小时内就可以上涨 10% 到 20%，结果许多人早上起床时还一贫如洗，而到晚上回家时已成

受密西西比奇迹的鼓舞，法国人的自信心空前地高涨起来。所有人都在感激约翰·劳先生的丰功伟绩。

百万富翁了。最著名的一个故事则是关于一名仆人的：有位持股大户有一次生病了，便让自己的仆人到交易所卖掉250股，每股价格8000利弗尔。然而仆人到了那儿后竟发现股票价格已涨到1万利弗尔赫一股！于是他当机立断以每股一万的价格把那250股抛了出去，使自己每股净赚2000利弗尔，共50万利弗尔，按当时的汇率合计2万英镑，这在当时可是一笔巨款！随后，仆人冷静地将这笔横财藏进了自己的钱袋，然后把余下的钱交给主人，当天晚上就逃出法国远走高飞了。所谓近水楼台先得月，就连约翰·劳的马车夫也成了暴发户。发财后的他决定辞职后，先是为自己买了辆豪华马车，然后雇用了两名同行，一位推荐给主人，一位则留给了自己。

"财神爷"变成过街老鼠 ▷▷▷▷

直到1720年，密西西比泡沫被吹得越来越大，殊不知法国正一步步走向万劫不复的深渊，因为一些嗅觉灵敏的投机者开始明白，世界绝对没有只涨不降的股价。于是在私下里，这些人早早就行动起来，一点一点地把纸币兑换成铸币，然后神不知鬼不觉地将铸币运送到国外，此外他们还大量购入方便携带的金银和贵重首饰，悄悄地运往英格兰或荷兰。终于，恐慌开始迅速蔓延，而密西西比股票也过山车般下跌。

到5月底，无论是摄政王还是约翰·劳都束手无策了。最终，约翰·劳作为摄政王的替罪羊被踢出内阁。至于他的公司，也彻底被打入了地狱。短短几个月内，密西西比公司股票的市价就跌至

■当密西西比泡沫破灭后，约翰·劳被迫逃离法国，其命运也发生了巨大转变。

漫画作品中千夫所指的约翰·劳。

100 利弗尔。越来越多的受害者要求将约翰·劳绳之以法，甚至有一些极端的民众密谋在半路上截住他，尔后将其处死。绝望之下，约翰·劳决定离开这个危险的国家，最终他乘坐一辆邮政马车前往布鲁塞尔。这位昔日的财神爷，此时已变成法国人心目中的头号恶人和讽刺挖苦的绝佳对象。当时，几乎所有的商店里都出现了关于他的漫画，讥讽嘲笑他和摄政王的歌谣到处流传，其中的一首还奉劝人们把他发行的钞票当成卫生纸用。另一首流传时间更长的歌谣更有意思：

星期一，我去买股票，

星期二，我赚了几百万，

星期三. 我买田置地，

星期四，我买华服美酒，

星期五，我开了一场跳舞会，

星期六，我变成了叫花子。

1723 年奥尔良公爵却去世后，彻底绝望的约翰·劳不得不重操起老本行，继续自己的赌博生涯。不久返回英国，在伦敦大约生活了 4 年后，又迁居到威尼斯。在那里，他只能靠赌博和投机赚取微薄的收入以维持生计。具有讽刺意味的是，在威尼斯，几乎所有不明真相的当地人都以为约翰·劳是一位超级大富翁。但恐怕谁也不会想到，1716 年，当约翰·劳来到巴黎时，随身携带着的财产达 250 万利弗尔，而在逃离时他身上却只有 800 利弗尔。1729 年，曾经叱咤风云的约翰·劳在贫穷与疾病交加中死于威尼斯。而在巴黎，当人们得知这一消息后还向他赠送了具有讽刺意味的墓志铭："这里安息的是一个著名的苏格兰人，他是独一无二的算术家，并且用自己的代数学法则使法国人民倾家荡产。"

曾经叱咤风云的约翰·劳

三

人人都在修铁路：
疯狂的铁路大跃进运动

170多年前，与钢铁有关的一场大跃进运动曾席卷老牌殖民大国英国还有新兴的资本主义国家美国。那时候，铁路还是个新玩意，但蕴藏着无限的商机，为了在短时间内尽快捞上一笔，几乎全社会都一拥而上，疯狂地把钱投在了铁路建设方面，这场疯狂的铁路大跃进运动从发端到结束持续了60多年，狂潮过后，除了个别投机分子大发横财之外，绝大多数普通投资者几乎都倾家荡产了……

不可思议指数：★★★★☆

英国人发明的游戏美国人玩儿 ▶▶▶

美国南北战争

美国南北战争是指 1861 年 4 月 15 日至 1865 年 4 月，美国南方与北方之间进行的战争。北方领导战争的是资产阶级，战斗力量是广大工人、农民和黑人。在南方，坚持战争的只是种植场奴隶主，他们进行战争的目的是要保卫奴隶制度，脱离联邦，建立邦联；而北方目的则在于打败南方，以恢复全国统一，废除奴隶制度，以便资本家获得更多的廉价劳动力，从而使得资本主义得到顺利的发展。最终北方军队获胜，美国宣布废除奴隶制。

■ 著名作家马克·吐温，对投机商们深恶痛绝

1873 年，美国著名作家马克·吐温发表了他的第一部长篇小说《镀金时代》。有一天，当他参加一个酒会时，某家报社的记者就《镀金时代》的真实性提出疑问时，马克·吐温竟回答说："美国国会中有些议员是狗婊子养的"。此言一出，公众立即雷到了一片。当许多国会议员愤怒地要求马克·吐温公开道歉时，后者当即在报纸上发表声明："我再三考虑，觉得此言是不妥的，故特登报声明，把我的话修改如下：美国国会中的有些议员不是狗婊子养的，幸祈见谅！"那么《镀金时代》究竟写的是什么呢？会招致如此强烈的社会反响。原来，这部小说通过对一位企业家兼政客的描写，揭露了西部投机家、东部企业家和政府官吏三位一体掠夺国家和人民财富的黑幕。而从此以后，人们便用这个词来形容从南北战争结束到 20 世纪初的那一段美国历史。在这一时期，有一场持续多年的运动曾使无数美国人卷入进来，这就是美国历史上著名的铁路狂潮。而狂潮过后，除了个别投机分子大发横财之外，绝大多数普通投资者几乎都倾家荡产了。

毫无疑问，铁路这玩意儿本来是个好东西。1814 年，英国人斯蒂芬斯发明了蒸汽机车后，欧美等国相继掀起了修筑铁路的热潮。1825 年 9 月 27 日，世界第一条现代意义的铁路在英国的斯托克顿和大林顿之间开通，最初的时速为 4.5 公里，后来达到了 24 公里。这种速度在我们今天看来只能算是小儿科，但在当时却具有划时代的意义。由于其对国民经济的巨大推动作用，世界各资本主义国家都开始大规模修建铁路。但是就如同所有开启新时代的事物一样，人们对它的强烈关注往往会导致理性的丧失。由于巨大利益和机遇的诱惑，在短短的时间内，为了尽快捞上一笔，几乎全社会都一拥而上，最终酿成一个又一个泡沫。

狂潮首先在英国出现。第一条铁路仅仅修建了 20 年后，英国就陷入了一场铁路投机狂潮中。1845 年，英国的铁路全民投机潮

今天看起来很平常的铁路，
当年也曾在美国掀起投机热

达到了顶峰，以至于区区几千英镑根本不被人放在眼中，交易所总是有几百万英镑的交易量。在 1845 年 7 月 16 日这一天，总资本超过 130 万英镑的 65 家铁路公司得到了英国官方的 600 英里长铁路线的建设许可。因为当时需要重新设计和印刷超大数量的股票和债券，致使平版印刷工人异常紧缺。为了能够满足如此巨大的需求，一个印刷厂到比利时招募了 400 名高水平的印刷工人，这些工人夜里就睡在工作岗位上。在我们的记忆中，英国人似乎一向热衷于在投机狂潮中跌得头破血流。人们或许已经忘记，就在 100 年前，可怕的南海泡沫事件给英国造成了多么可怕的灾难。1847 年，铁路史上第一次投资危机出现了。在伦敦交易所，铁路股票的处境非常

知识链接

南海泡沫事件

指的是历史上的著名的金融泡沫，发生于 17 世纪末到 18 世纪初。当时，长期的经济繁荣使得英国私人资本不断集聚，社会储蓄不断膨胀，投资机会却相应不足，大量暂时闲置的资金迫切寻找出路，而当时股票的发行量极少，拥有股票是一种特权。1711 年，一家名为"南海"的股份有限公司于宣告成立。由于政府的支持，1720 年，南海公司的股票开始急剧上涨。从 1 月的每股 128 英镑上升到 7 月份的每股 1000 英镑以上，6 个月涨幅高达 700%。6 月，为了制止各类"泡沫公司"的膨胀，英国国会通过了《泡沫法案》。受其影响，投资者纷纷抛售南海股票，南海股价很快一落千丈，9 月份直跌至每股 175 英镑，12 月份跌到 124 英镑，"南海泡沫"由此破灭。

艰难，股价大幅下跌，许多新成立的公司还没有度过第一年就不得不宣布破产，甚至遥远的德国汉堡也有128家铁路公司因为英国的影响而先后宣告破产。时人在描述这场危机时写道："就连与交易没有任何直接联系的私人也被迫停止支付，英国很少找到没有自杀者的城市，而富有的家庭也搬进了贫民院。"

1847年英国的这场铁路危机，只是拉开了一个时代的序幕。与此同时，在大洋彼岸的美国，无数投机者已在跃跃欲试，准备玩儿一场更大的游戏了。当他们从英国人那里接过这根接力棒之后，便立刻进行了一次次铁路大提速，掀起了疯狂的铁路大跃进运动。

虽然是资本主义世界的后起之秀，但美国的铁路发展丝毫不逊色于欧洲大陆。早在1828年7月，从巴尔的摩到俄亥俄的铁路就破土动工了。由于美国国土辽阔，资源丰富，因此更看重铁路在经济发展中的作用。在铁路扩张的第一个阶段，也就是在1830年到1860年，美国各个州都大力支持铁路的发展。特别是随着对西部大规模的开发，横贯美国大陆的铁路纷纷上马。据统计，1848年至1858年，美国建成的铁路约达33,000公里，超过了其他国家所建铁路的总和。而英国在19世纪40年代的建设热潮中，所铺设的铁路却只有8,000公里。当时，虽然美国联邦政府没有军队、中央银行和税收基础，但也通过免费赠送土地的方式推动铁路建设。1850年，联邦政府当时的国会授予3个州——伊利诺依州、阿拉巴马州和密西西比州土地，以鼓励建造沿密西西比河从墨比尔到芝加哥全长705英里的铁路。在这种局面的刺激下，大量美国铁路公司在新英格兰、芝加哥等地方相继成立。于是在纽约和波士顿掀起了购买铁路股票的热潮，而当时美国交易的多数是铁路公司股票。

到南北战争结束，美国的铁路热潮一直持续了30年的时间。战争期间，由于基础设施建设成为关系到国家安全的大问题，因此需要大型、统一的铁路系统。1862年7月，规模巨大的中央太平洋铁路和联合太平洋铁路开始兴建。由于政府的法案保证，每英里铁路可以得到128,000英亩或者20平方英里土地，因此受这一诱惑的刺激，大量铁轨、高架桥和桥梁很快就布满了平原。但在实际上，作为投资项目，这其中的一些铁路只能说是

美国19世纪后期
大修铁路的狂潮

雷声大，雨点小。许多铁路投资者并不在乎是否能够很快实现收益，因为铁路公司内部人员只要通过建立"建设公司"就可以疯狂地让自己的钱袋膨胀起来。比如，联合太平洋铁路公司在1864年成立一家公司，然后聘请它建设了几百英里的铁路，从而把大部分股东们的收益都转移到了少数内部人员和他们的朋友们的口袋里。投机的首要结果就是引发了惊人的重复建设。1885年时，仅从纽约到芝加哥就有5条铁路，而其中的3条都面临破产的境地。

更要命的是，铁路建设狂潮还刺激了华尔街金融投机的发展。铁路建设需要持续大量的资金，而其中的大部分都来自美国银行家向法国、英国、德国和荷兰的投资者卖出的股票和债券。据估计，在19世纪80年代，大约40亿美元现金流向了71,000英里新建铁路，这一数字比过去任何20年所建造的铁路长度总和还要高。不过很快，美国就品尝到了铁路狂潮带来的恶果。

玩儿转铁路的"大佬"们 ▶▶▶

铁路巨头范德比尔特

当铁路狂潮的大幕拉开后，几乎整个美国都疯狂了。当时，只要听说有大公司的铁路股票发行，人们立刻就不惜一切代价购买，都想成为将来的铁路股东。于是，一贯传统的商人抛弃了他们一生遵从的原则，孤注一掷，一举买下好几百股；白领阶层厌倦了收入的缓慢增长；小职员们已无法忍受那仅够维持生计的工资；牧师也不满足于那少得可怜的津贴。他们全都蜂拥而来，甚至在一个经纪行的广告中打出了男女平等的口号，以此吸引女人也参与到铁路股票的投机中。

在这场全民狂潮中，最具代表性的当属1864年的伊利铁路投机，而操纵这场游戏的则是臭名昭著的投机商丹尼尔·德鲁（Daniel Drew），他也是伊利铁路的董事。当时，伊利铁路与纽约中央铁路、宾夕法尼亚铁路共同支撑着从美国中西部到纽约市的陆路运输。虽然控制另外两条铁路的巨头范德比

尔特（Van Der Bilt）希望在这三条相互激烈竞争的铁路之间寻求妥协，以维持价格同盟。可是对铁路运营毫无兴趣、一心只想靠操纵股市大发横财的德鲁控制着伊利铁路，使得范德比尔特的如意算盘每每落空。被德鲁惯用的欺骗伎俩彻底激怒的范德比尔特最终下决心动用他的巨额财产在华尔街收购伊利铁路的股票，从而揭开了伊利股票囤积战的大幕。

正如后人描述的，对于当时的德鲁而言，伊利铁路在他手中就像单弦的中国竖琴，他在上面只弹两个音调：当伊利股票价格高涨时，他就会高唱：谁来买我的伊利股票啊，谁来买我的价值连城的伊利股票啊。买吧，快买吧！当伊利股票价格走低时，他也会高唱：谁卖给我伊利股票啊，谁来卖给我一钱不值的伊利股票啊？卖吧，快卖吧。于是整个华尔街都被他甜美的嗓音所打动，他们以高价从德鲁那里买进伊利股票，然后又以低价卖给德鲁。随着他的单弦琴响，财富滚滚而来——它们都来自伊利铁路。

最著名的铁路投机商德鲁

在德鲁之流的导演下，整个华尔街疯狂了，整个市场只剩下了一个词——伊利。在公开交易所内，当伊利开始交易后，大厅几乎变成了疯人院。每个收报员和经纪人都立刻站了起来，尖叫着，挥舞着手臂。试图收购伊利铁路的范德比尔特不惜血本，命令他的经纪人买入所有卖给他们的伊利股票。当主持人的锤子落下，他用嘶哑的嗓音大喊：完毕！先生们，如果谁再出价，我就要罚他款了！伊利股价定在了80美元。人们全然不顾此时还没有被拍卖的其他股票，他们涌向大街，大街上只听到一片伊利，伊利之声。范德比尔特的经纪人对所有的伊利股票下了买单。在这样强大的购买力下，伊利股价到中午12点的时候上升到了83美元。

在"镀金时代"，这些铁路"大佬"个个都不简单，因为在他们挥舞钞票时，美国政府的许多官员都被拖下水了。这是美国历史上最腐败的时期，假如今天自以为是的美国人知道了这

些内幕，一定会羞愧得无地自容。

19世纪中期，美国的股市堪称权钱交易最完美的平台。在有关证券的法律法规严重缺失的当时，在股市中兴风作浪的投机商无一例外地都豢养和控制着忠实于自己的法官，这些法官竭尽所能利用自己手中的权力来影响股票价格的涨落，为其各自主子的投机活动效力。范德比尔特开始大量购进伊利股票后，又指使他所控制的法官颁布法令不得增加伊利股票的总量。可是，德鲁之流已抢先指使他们自己的法官下达了完全相反的法令，他们把大量伊利铁路的可转债转成了股票，同时还印刷了数万股崭新的伊利股票，结果这一招就席卷了范德比尔特七百万美元！

随着内幕被披露，伊利股票带来的全面恐慌爆发了。那些当初以80美元买进伊利股票的投资者原本以为自己捡了便宜，现在却不得不以45美元的价格卖出，甚至觉得它可能还不值20美元。市场上随处可见5000股或者1万股的卖盘，股价稍有抬升，立刻就被巨大的卖压打下去，最终在42美元触底。

富翁是怎样炼成的 ▷▷▷▷

在这场狂潮中，无数的散户血本无归，而德鲁之流却赚得盆满钵满。说起德鲁此人，虽然他的确是一个赚钱天才，但其在股市中臭名昭著的投机行为实在令人不齿。原本牛贩子出身的德鲁，据说出道时手中仅有100美元，但经过多年拼杀后积累起来的财富居然相当于今天的300亿美元！只要能赚钱，哪怕再缺德的事他也干得出来。还在当牛贩子时，有一次，德鲁卖完牲畜，突然想到一个赚钱的好主意。头一天晚上，他让牲畜吃了很多盐，但一直不给它们喝水。次日早上去往纽约的路上有一条小溪，渴极了的牲口一头扎进小溪狂喝起来，每头牲口都喝了几加仑的水，体重也立刻加重了不少，然后德鲁把他们赶到纽约，在那里把他们按斤论两地卖给屠夫。后来，德鲁又将此道用于增发股票，即面值增加而实值未按比例增加，这就是著名的"掺水股"的由来。

悲哀的是，伊利股票的投机狂热并没有让美国人清醒。在此后20年间，美国的铁路狂潮依然在持续。数据显示，1873年，按照当时的人口数量来衡量，平均每590个美国人就拥有1英里的铁轨。在 1867—1873 年的 6 年间，美国新建铁路共计 3.3 万英里，这比 1860 年以前美国累计修建的铁路里程还要长。而实际上，很多新铁路的修建根本无利可图，大多数铁路股票都是"注水股"。

1865 年至 1875 年，全世界铁路线从 14.6 万公里增加到 29.6 万公里，其中美国占一半以上。1872 年，由于建设成本高涨，预期收益下降，美国的铁路线增长速度开始放慢，机车及铁轨订货开始减少。于是，铁路过度兴建所导致的危机爆发了，铁路股票价格开始下跌，并且迅速波及全球。1873 年，维也纳股市暴跌，24 小时内股票贬值达几亿盾，由此引发了新一轮的世界经济危机，伦敦、巴黎、法兰克福、纽约金融市场的一片恐慌，铁路股票纷纷下挫。1873 年 9 月，南北战争时期政府债券的主要发行商、全美最大的银行，费城的杰伊·库克银行，由于在北太平洋铁路的修建上投入了大量的资金而无力偿付即将到期的价值 100 万美元的债券，被迫宣布倒闭。随着一系列新建铁路和银行的破产，很多主要证券的价格都跌了一半，纽约股票交易所不得不破天荒地暂停交易 10 天。

然而与此同时，铁路狂潮却成就了一批百万富豪的投机梦，他们的财富在爆炸性地增长。1873 年时，美国最大的富翁几乎都是铁路巨头：范德比尔特（Van Der Bilt）1 亿美元、威廉·阿

美国 19 世纪后期形形色色的铁路公司发行的股票

斯特（William Astor）1 亿美元、斯图尔特（Stewart）5000~7500 万美元、杰伊·古尔德（Jay Gould）3000~5000 万美元、拉塞尔·塞奇（Russell Sage）2500~4000 万美元、约翰·布莱尔（John Blair）2500~4000 万美元。他们的财富在那个年代都堪称天文数字。

既然推动铁路狂潮有如此大的利益，那些实力雄厚的投机家自然会乐此不疲。例如投机商杰伊·古尔德（Jay Gould）就总是不断买进、卖出铁路。在这股狂潮中，有些人重复建造新的铁路就是为了卖给竞争对手，没有丝毫其他目的。随着铁路过剩运力的增长，铁路大亨们并没有做出理性反应，比如进行合并，降低成本，或者降低自己的野心。恰恰相反，他们选择了截然相反的道路。结果在 19 世纪 80 年代，虽然铁路公司还处于亏损状态，但是它们都在拼命地扩张。目睹这些不可思议的局面，当时的一位业内人士曾感慨道："一个接一个的大公司都感染了疯狂的情绪，它们几乎是紧挨着彼此建造了无数条铁路。"而为了欺骗股东，各铁路公司纷纷在账目上耍起了把戏。

靠不断买进卖出铁路大发横财的投机商杰伊·古尔德

比如，艾奇逊公司把数百万运输费和其他无法兑现的票据都作为了自己的资产，并且随意更改收入，从而严重夸大了自己的收益。1896 年，巴尔的摩—俄亥俄铁路公司披露，在 7 年时间中，它们宣称分发了 63 亿美元的红利，其实这一期间的收入只有 10 亿美元。

到 1893 年后，美国的铁路狂潮终于走向末路了。毕竟，任何行业都不可能永远靠做假账来生存。1894 年，拥有 41 000 英里铁路和 25 亿美元的 192 家铁路公司——大约占整个铁路业的 1/4 倒闭了，其中就包括像北太平洋铁路公司、巴尔的摩—俄亥俄铁路公司、雷丁公司和联合太平洋铁路公司这样的大公司。

就这样，一场经历了 20 多年的铁路投机狂潮终于暂告一个段落了。而当人们回顾那疯狂的一幕幕闹剧时，不难发现，无数的普通投资者只不过是危险赌博的筹码，而到头来真正从中获取巨额财富的无非是个别投机"大佬"。不过悲哀的是，只要人类的贪欲不曾绝迹，类似的狂潮就会不断上演。

四

遍地黄金：
不可思议的美国西部淘金热

几乎所有的企业都停了业，海员把船只抛弃在圣弗朗西斯科湾，士兵离开了他们的营房，仆人离开了他们的主人，涌向金矿发现地；农民们典押田宅，拓荒者放弃开垦地，工人扔下工具，公务员离开写字台，甚至连传教士也抛弃了他们的布道所，纷纷前往加利福尼亚。就连美国海军"安妮塔号"军舰上也仅剩下六名水兵。可笑的是，当政府派军队去追捕逃兵时，经常有整排的士兵带着武器和马匹逃入山中，就此消失不见。这种不可思议的疯狂场面，就发生在1848年的美国加利福尼亚，而这一幕，便是著名的西部淘金热。在如火如荼的淘金狂潮中，就连远隔万里之外的中国，也有数十万人前往那里寻求致富之路。

不可思议指数：★★★★☆

马歇尔的偶然发现 ▶▶▶

1848 年 8 月 19 日，著名的美国纽约《先驱报》发布了一条令人震惊的消息：在圣弗朗西斯科发现了储量丰富的金矿！消息传出后，立即在全世界引起了轰动。事情还得从半年多前的一次偶然事件说起。

却说 1848 年 1 月 24 日，一位名叫詹姆士·马歇尔（James Marshall）的锯木厂老板在工厂附近的一条小水沟里发现了金矿。原本默默无闻的马歇尔是一位来自东部的移民，他出生于新泽西州。1844 年，为了寻找发财致富的机会，他毅然背井离乡，经过长途跋涉来到遥远的加利福尼亚。当时，这片广袤的土地刚刚被美国政府通过战争手段从墨西哥手中夺过来。在许多人的眼里，地处太平洋东岸的加利福尼亚几乎就是荒凉的代名词，许多地方还聚集着大量对白人充满敌意的印第安人。来到加利福尼亚后，马歇尔最终选择在新赫尔维蒂亚的萨特堡落脚，并与当地富商合伙开了一间锯木厂。根据合同，约翰·萨特（Johann Sutter）为锯木场提供必要的资金，而负责经营的马歇尔则以四分之一的产品作为报酬，人员管理实行雇佣劳动方式。由于这里恰好位于萨克拉门托河与美利坚河的交会处，因此锯木厂的业务还算兴旺。

1848 年 1 月 24 日上午，詹姆士·马歇尔和往常一样，清早起床就沿着人工水道旁的碎石路，查看水流是否能够推动锯木厂的水车。到了水流上游，马歇尔关了水闸，再漫步走到下游，站在水边。岸边的浅洼里结了冰，中间深水部分平静无波、晶莹澄澈。当他审视距离水面大约 6 英寸深、布满岩石的河床时，突然瞥见一片平坦的岩石上有一块黄色的东西。于是他挽起袖子，把手伸进水里捞起了这块东西。它的大小和形状约如大拇指的指甲，金黄明亮；除了颜色以外，它看起来像是嚼过的口香糖。

■ 詹姆士·马歇尔发现金矿

■ 詹姆士·马歇尔照片

马歇尔站在水边，手指头拨弄着这块东西，呼吸的热气结成了白雾。那东西虽小，但沉甸甸的，跟河中灰色的鹅卵石截然不同。他认为它有点像金子，但不能确定，所以他做了简单的测试：把它摆在石头上，用另一块石头来敲打。它没碎，但变了形。马歇尔把它放进口袋，巡视完水道之后，就回帐篷去了。当天，锯木厂的一个工人在他的日记里写道："锯木厂主管詹姆士·马歇尔在水道中发现了一种金属，看起来有点像金子。"为了检验这块东西，他们把它放在铁砧上，用铁锤敲打。如果是黄铁矿，这么一敲打，就会破碎；可它只是变薄、变扁而已。于是厨子把它放进碱液煮了一天，它仍然还是金黄澄亮，没有变色。

4天之后，马歇尔在冰天雪地中骑马前往萨特堡。抵达之后，他把自己的大老板萨特叫进密室，锁上门，然后打开布包，拿出那块东西：他认为那是金子，可是没有把握。他只知道几天前捡到这东西之后，又在水道中发现了其他相似的东西，它们就在河床上，根本不必寻找；如果那是金子，此地可真是遍地黄金了。

萨特仔细端详着这块东西，并感觉这小东西惊人的重量。然后他从书架上取出一本旧的化学书籍，找到另外的两种检验方法。他滴上硝酸，那东西安然无损；把它放到天平上一秤，发现它的密度比银子大得多。萨特确定它就是金块，然而他没有喜悦之感，反而心生忧虑。因为他在这5万英亩的土地上牧养了1.2万头牛，1万只羊，2000匹马和骡

精明的锯木厂老板萨特

子，以及1000头猪；如果这东西真是金子，他可以预见手下的工人会溜进山地，把田中谷物和牧场的牲畜弃之不顾；成千上万的疯狂淘金客将拥进宁静的山谷；而且他还知道，马歇尔发现金块的地点不在他的土地范围之内。

接着精明的萨特立刻跟拥有锯木厂土地主权的科隆马部族交涉，以食物和衣服换取了周围12平方英里土地的3年租约。租约到手之后，他立刻告诫马歇尔和其他工人不要透露发现黄金的消息。但是其中一名工人利用下班时间躲进山区，用一把小刀在山谷裂隙中挖取金块，还写信告诉朋友他发财了。另外一个工人则用鹿皮袋装着金块，到一家店里大肆吹嘘。还有一位驿车驾驶员在运送货物到锯木厂的路上遇到一个小男孩，那男孩给他看了一把金沙。由于来询问这个消息是否真实的人愈来愈多，萨特终于解除戒心，也开始心满意足地吹嘘在锯木厂附近捡到金块和金沙的种种情形。果然不出沙特所料，到了3月的第一个星期，他的农地和牧场里只剩下几个因身体衰弱而无法前去淘金的工人。

消息迅速地越过丘陵、平原，终于传到旧金山。1848年3月15日，《加利福尼亚人报》用斗大的标题报道发现金矿的消息。几周后，该报的竞争对手《星报》驳斥了这个报道，说它是空穴来风。可是就在同一周，《星报》的老板驱车驶回旧金山，手中挥动着一瓶金沙，大声宣布在美利坚河发现了金矿。

不过实际上，人们此前已多次在太平洋沿岸发现过金矿。据记载，1841年在洛杉矶附近和1842年在南加利福尼亚，人们都曾发现过较大的金矿。但由于各种原因，这些消息均没有引起轰动。虽然1842年那次金矿发现也曾吸引了几百位淘金者，但很快就无声无息了。究其原因，是由于这些地区当时都属于印第安人的控制范围，而仍处于原始状态的印第安人根本就不懂得黄金的经济价值。更重要的是，当时这里的移民还很少，商品经济的发展程度也较低，与外界的联系也很有限，因此发现金矿的消息很难传播出去。但是到1848年时，随着东部移民的不断增加，再要有类似的好事，人们可不会让这块大肥肉溜走了。

3月15日，圣弗朗西斯科当地的《加利福尼亚人报》首先刊登这一消息，而最终将这一消息得到广泛传播的则是商人布兰纳。布兰纳是一名富有冒险精神的投机商，他在加利福尼亚创办了一系列企业，并在萨特社区设有一家百货商店。1848年3月，随着越来越多的当地人挖到金子，布兰纳的商店生意也格外兴隆。有趣的是，为了将手头的金子花出去，许多顾客向布兰纳提出，希望能用金子而不是现金支付的方式购买威士忌等商品。看到这种情形，敏感的布兰纳马上意识到自己大捞一把的机会来了。于是他命令手下千方百计地去筹集货源，以满足顾客们需求，进而换取他们手中的金沙。5月12日，手中已聚集了大量金沙的布兰纳准备出手套取现金了，于是他带着一部分样品来到圣弗朗西斯科寻找大主顾。当圣弗朗西斯科的商人们看到这些金沙时，顿时震惊了，由此，在加利福尼亚发现金矿的消息得到了证实。由于当时交通还很不方便，美国最西部的重大发现要为东部所知还需要一段时间。4个月后的8月19日，一封描述这次发现的信件在美国东部纽约的《先驱报》上刊载，消息随之几乎传遍了全世界，一股史无前例的淘金热由此开始。

狂热的全民黄金梦 ▶▶▶▶

    1848年5月，美国正式从墨西哥手中接管加利福尼亚。两个月后，当美国政府任命的总督沿着美利坚河巡视金矿矿区时，发现已有4000多人正在挖掘金矿或淘洗金沙，平均每人一天可以采到两盎司，约值32美元。于是他赶紧向总统詹姆士·波克（James K. Polk）写了一封公文，同时附上一茶叶罐的金块和金沙。他在公文中说：在未亲自视察金矿区之前，我无法相信关于金矿的报道，现在我确信，萨克拉门托河和圣乔根河流域的金矿蕴藏量，其价值将超过对墨之战军费的百倍以上。

    12月5日，波克总统召开国会时正式公布了这一消息，他说："加利福尼亚发现大量金矿的报道非同寻常，若未经权威报道的证实，实在令人难以置信。"第二天，这

■ 1849年美国报纸刊登的蛊惑人心的加利福尼亚工作指南

条消息便成为美国各报的头条新闻。《纽约每日论坛报》的编辑何瑞斯·葛利甚至兴奋地预言美国"正跨入黄金时代"，他写道，"那里的财富就像纽约街道的泥巴一样，铺满了地面。在加利福尼亚的新金矿区，唯一需要的开矿机械就是一双强劲有力的手、一把铲子和一个锡盘。事实上，许多人只用瓦片或木板，便可以轻松愉快地挖到金块，一天收入五、六十块钱，还享有许多闲暇时间。"

随着消息的进一步传播，美国东部几乎所有报纸都开始刊登有关淘金神话的文章。许多书籍，例如《金矿移民指南》甚至这样描述广阔的河床"铺满了金沙，有一只手的厚度……价值2至5万美元的金子，几乎唾手可得。"有关淘金的演讲场场爆满，演讲者更是夸大其词地说加利福尼亚的淘金客一天可以获得4磅、价值1000美元的黄金；或者说，假使一个人一天采集36磅黄金，即使10万人一起努力工作，也要10年才能采尽加利福尼亚的金矿。某家报纸的编辑写道："这片荒凉偏僻、毫不起眼的地方，突然成了全世界注目的焦点。1500万元的财富已经进了某些人的口袋；所有的人都涌向这个地方，想要一圆发财美梦。"

狂热的美国西部淘金热（一）

当加利福尼亚发现金矿的消息被证实后，美国人沸腾了。在金矿所处的圣弗朗西斯科最先感受到淘金热的冲击，几乎所有的企业都停了业，海员把船只抛弃在圣弗朗西斯科湾，士兵离开了他们的营房，仆人离开了他们的主人，涌向金矿发现地。就像当时所记载的："农民典押田宅，拓荒者放弃开垦地，工人扔下工具，公务员离开写字台，甚至连传教士也抛弃了他们的布道所，纷纷前往加利福尼亚"。到1848年6月时，圣弗朗西斯科一半

的房子已人去楼空，两家报刊因排字工人离去和订户的离散而不得不停刊，连在美国海军"安妮塔号"军舰上也仅剩下六名水兵。这股热潮接着席卷了圣弗朗西斯科北部的俄勒冈和南部的墨西哥。在俄勒冈，仅1848年夏季，就有一半的成年男子，约3000多人，抛下即将收获的谷物南下加利福尼亚。与此同时，有4000多墨西哥人北上加利福尼亚。一位目睹了这一奇特景象的观察者写道：在加利福尼亚前往矿区的路上，由于人们都赶向矿区，特别是男性劳动力，沿途工厂闲置在那里，麦田任牛羊去啃食，一幢幢房屋空无人烟，农场也变得荒芜了。

当时，由于交通不便，从美国东部到西部要经历许多艰险。如果经由陆路前往，必须等到4月，因为在加利福尼亚和其他区域之间横亘着洛矶山脉，在冬季，山区的牧草都埋在几英尺深的积雪之下。没有牧草，拖运车辆的牲畜就无法生存。于是等不及的人就只好走海路，但是他们必须选择绕过科恩

■狂热的美国西部淘金热（二）

39

角或横越巴拿马。而在运送淘金客的过程中，船员和水手们也因受到诱惑而纷纷开小差。因为据说一名水手只要到矿区工作两个月，就可以赚到两、三千美元；而如果在船上，他必须辛勤工作，节衣缩食21年，才能赚到这笔钱。很快，大小船只争先恐后地涌入圣弗兰西斯科，以至于有500多艘空荡荡的船只被遗弃在海湾里，任其泡在港中腐朽，甚至有的连货物都没卸下。为了遏止海军官兵的弃船行为，美国海军部被迫采取公开示众的处罚方式。曾有3名水手弃船逃逸，被船长处以100鞭刑；还有两人被公开吊死在帆船上。但即便如此，政府仍然遏阻不了这股狂潮。受海军的传染，美国的陆军也受到淘金热的冲击。毕竟，当时一位陆军士兵的月薪仅有6美元，而如果他去淘金，一天的收入就能有75美元。受此影响，加利福尼亚北部的陆军人数很快就从1300名锐减到不足600名，可笑的是，当剩余的官兵去追捕逃兵时，经常有整排的官兵带着武器和马匹逃入山中，就此消失不见。

■加利福尼亚淘金热中的华人

那段时间，星罗棋布的采金点以圣弗朗西斯科为起点，沿萨克拉门托河向北和圣诺昆河向南，形成扇形，再向东一直延伸到内华达山脉。《加利福尼亚人报》曾如此描述了当时的情景："从圣弗朗西斯科到洛杉矶，从沿海到内华达山麓，整个地区都响彻着喊声'黄金！黄金！'"起初，由于金沙在地表层，所以只要用一个普通的洗脸盆，就

可以从沙里淘洗出黄金。一年之间，几万名淘金客翻遍了从厄尔多拉多到北部普瑞所郡之间、地表 6 英尺之内的每块石头；还有萨克拉门托东北的山坡地、美利坚河的 3 个岔口。这股淘金热潮就像失控的森林大火，火舌此起彼伏，南北乱窜，延烧不停。淘金客搜遍了内华达山脉以西、落基山脉以东的山区和平原，南北纵深达 300 英里。

那时，平均每人一天能有二十美元的收入，这相当于美国东部工人日工资的二十倍。在一个富矿区，人均日收入是二千美元。1853 年，淘金热达到顶点，加利福尼亚的黄金产值由 1848 年的五百万美元增加到六千五百万美元。1851 至 1855 年，美国的黄金产量几乎占全世界的 45%。美国由此很快成为世界上最大的产金国，各地淘洗出的金沙堆满了圣弗朗西斯科的仓库。据说，当时在短短的两个月间，布兰纳仅通过出租库房就获得了价值三万六千美元的金沙。

就这样，没用多长时间，成千上万来自北美、欧洲及天涯海角的淘金者使加利福尼亚的人口猛增。1849 年初，加利福尼亚大约有人口二万六千人，到年底已达十一万五千人，而且不少新近出现和形成的城镇很快就几乎成了国际性的。尤其是圣弗朗西斯科，更成为当时世界上发展最快的城市，1848 年 3 月只有 812 人，1849 年初已接近五千人，1850 年则增至二万五千人。

■ 淘金热促进了西部城镇的发展

在淘金热期间，由于人口的急剧增长，使得衣、食、住等生活物资供应陡然紧张，特别是服务性行业的发展无法满足社会需要，这导致物价飞涨。在圣弗朗西斯科，一片在美国东部只值四至五美分的面包要卖到 50 到 75 美分；洗衣店洗一打衣服要价 20 美元，这使得加利福尼亚的一些工人干脆将衣服用轮船送到夏威夷去洗涤；原先一块只要 15 美元的地皮，现在价格上涨到 8000 美元。许多商店直接要求顾客用金沙支付货款。由于受淘金热的影响，1848 年到 1851 年短短三年时间里，美国批发商品的价格指数居然从 84.7 提高到惊人的 1025！

据统计，从 1849 年到 1869 年，有 41 万名旅客越过巴拿马前往西部。20 年间，几乎每一两黄金都靠船只输送。根据官方的纪录，经由巴拿马路线运送的黄金，总共价值 7.11 亿美元；每两周就有一艘汽船从圣弗兰西斯科出航，满载货物、旅客以及大约 3 吨的黄金开往东部。

有趣的是，在这场淘金潮中，还诞生了一系列不可思议的财富传奇，就连我们今天看起来再寻常不过的牛仔裤，也是从加州开始其发展之路的。那是在 1847 年，一位 17 岁的名叫李维·史特劳斯（Levi Strauss）的德国移民来到纽约，而他后来便成为了世界第一条牛仔裤的发明人。来到美国后，李维起初在纽约及肯塔基州一带贩卖布料及家庭用品。1853 年，怀揣着财富梦想，李维跟随淘金大军搭船航行到旧金山。他带了数卷营帐及篷车用的帆布，准备卖给迅速增加的居民。但很快，他发现当地人急需能承受淘金劳作用的长裤。于是他把卖不完的帆布送到裁缝处订制了第一件牛仔裤。1855 年，李维放弃帆布，改用一种结实耐磨的靛蓝色粗斜纹布制作工装裤，并用铜钉加固裤袋和缝口。这种坚固美观的长裤迅速受到市场的青睐，大批订货纷至沓来。李维便用自己的名字李维斯（Levi's）作为产品品牌，并在旧金山开了第一家店，由此一步步实现了自己的财富梦想。值得一提的是，该品牌至今仍是世界上销量最大的牛仔裤。

到西部去 ▶▶▶

种种迹象表明，美国的这股疯狂的淘金热，其实有政府这只手在强力推动。那么，这其中的奥秘在哪儿呢？

原来早在 19 世纪初，美国就开始发起了所谓的西进运动。随着一批批冒险家纷纷前往西部创业，美国的边疆也从密西西比河不断向太平洋推进。也正是在淘金热兴起之前，美国刚刚通过一场战争打败墨西哥，从后者手里夺得加利福尼亚的大片领土。不过由于当时这里人烟稀少，经济落后，按照联邦宪法规定，还远远达不到成为美国一个州的标准。因此为了鼓励大量人口进入该地区，美国政府便巧妙地利用了这股淘金热。还在 1848 年 6 月，美国驻加利福尼亚总督梅森就专门向总统波克送交了一份报告，声称新发现金矿的价值足以支付百倍以上的墨西哥战争的费用。12 月 5 日，波克在致国会的咨文中正式公布了这份报告，证实加利福尼亚金矿的发现。这时，许多原本对发现金矿消息半信半疑的美国东部人恍然大悟，于是立即西进，涌向加利福尼亚。可以说，这股规模空前的淘金热，极大地刺激了西进运动和美国西部的开发。

实际上，在所谓的淘金热中，只有一部分前去加利福尼亚的冒险者最终获得了财富。而对于大多数人来说，到头来的收获是非常可怜的。仅仅过了五六年后，传说中的金矿就如海市蜃楼般消失了。从 1854 年起，加利福尼亚的淘金热就已出现了降温的趋势，黄金的产值降至六千万美元，次年又降到五千五百万美元。这时，那种散兵游勇式的淘金者基本上没有了用武之地，而真正获利的则是那些实力雄厚的大商人、大企业。在政府的鼓励下，整个西部采金业开始向深度和广度发展，采金范围遍及整个西部地区，在内华达、亚利桑那、科罗拉多、爱达荷、蒙大拿、怀俄明、犹他、新墨西哥等地都发现并建立了大大小小的金矿区，使新的采金高潮在 1859 年前后再度兴起，并又持续到十余年之久。正是由于这些新的发展，使美国作为世界最大的产金国的地位一直保持到 1898 年。据统计，

知识链接

西进运动

西进运动是北美独立战争到南北战争爆发前后向北美大陆西部移民拓殖扩张、掠夺印第安人土地的运动。美国独立后，废除了 1763 年英国阻止移民西进的敕令，来自沿海地区和欧洲的移民越过阿巴拉契亚山脉涌向西部。他们当中既有南部奴隶主，也有北部土地投机商。人数众多的是一般贫苦的拓荒者、猎人、矿工、牧民和农民。后者以西部作为他们谋生的归宿而定居下来，从而成为西部早期移民的主体。1890 年，西进运动正式结束。西进运动使美国的领土增加到建国时的 3 倍以上，扩大了发展工业所需的各种基本资源，对美国社会制度和资本主义的发展以及美利坚民族性格的形成都产生了巨大的影响。

从 1848 年至 1931 年，在美国西部，共生产出黄金 42 亿美元，白银 31 亿美元。而这些巨额财富的获得，又对于推动美国西部地区的发展提供了强大的资金支持。与此同时，采矿业带动了西部地区相关工业的形成与发展，如木材加工、机械制造、冶金铸造以及交通等。而大量人员的拥入，也刺激了西部农业和畜牧业的发展。可以说，这场轰轰烈烈的淘金热，真正获利的实际是美国政府。

这场轰轰烈烈的淘金热，真正获利的实际是美国政府

五

黄金用房子装：
170 人洗劫了一个 600 万人的庞大帝国

请发挥你的想象，有一间2.4米多高、30多平米的房子，如果用黄金和白银填满它是什么概念？如果要填满三间同样的房子又是什么概念？在这里，我们要谈论的并不是某家银行的地下金库，而是四百多年前的一桩绑架案。而故事的源头，还得从被湮没在南美洲丛林中的一个神秘王国开始……

不可思议指数：★★★★★

神秘的 "黄金国度"

传说在很久很久以前，在南美洲，有一个神秘的印加王国。这个王国有一个流传已久的习俗，每当有新国王加冕时，成千上万的子民们便会聚集在瓜达维达湖畔。吉时一到，只见他们的王位继承人首先须周身涂满金粉，耀眼夺目。在印加人的心目中，这位金光闪闪的新国王正显示着太阳之子的光辉。然后，国王跳到湖中洗去金粉，而与此同时，他的臣民们也纷纷把自己最珍贵的黄金珠宝敬献到国王的脚下。最后，新国王把所有的这一切都投到湖中，祭献给至尊的太阳神。千百年来，印加王国举行了无数次这样的仪式，而那神秘的黄金湖中也不知堆积了多少宝藏。不过，对于纯朴的印加人而言，黄金的用处似乎仅此而已，没有人觉得它有特别的魅力。

那么，这个神秘的 "黄金国度" 到底是怎样一个国度？它是不是特别富有呢？

根据历史记载，印加王国是南美洲古代印第安人建立的一个王国，在这个国家中，由于人们信奉太阳教，认为太阳神是世界的主宰，所以便用 "太阳之子" 的称号来尊称这个王国的最高统治者，"太阳之子" 直译过来就是 "印加" 一词，印加王国也由此得名。

公元 15 世纪中叶，秘鲁利马附近的一个土著印第安人部落，在图帕克·尤庞基的领导下，通过不断兼并邻近部落，建立起一个以安第斯山脉为中心区域的奴隶制国家——印加王国。经过一番征战，印加王国从不到二百万平方公里，版图扩大到今日南美洲的秘鲁、厄瓜多尔、哥伦比亚、玻利维亚、智利、阿根廷一带。其总面积达 90 多万平方公里，人口超过 1000 万。

印加人在农业、手工业、建筑、天文历法等领域都取

太阳之子——印加人的国王

印加文明遗址，该文明曾经辉煌一时

得了辉煌的成就。值得一提的是他们在金属加工方面取得的成就。他们不但懂得金、银、铜、铅、锡、汞的冶炼，还会冶炼各种合金，并知道利用汞来提纯黄金。金银主要用来制作装饰品和艺术品，铜及其合金主要用来制造武器、日用器皿和利刃工具。印加人掌握了许多种金属加工工艺，如铸造、锻打、模制、冲压、镶嵌、铆接、焊接等，其金银装饰品的技巧可与欧洲文艺复兴时相比。

当然，由于印加人非常崇拜太阳神，而黄金发出的光泽可与太阳争辉，因此在众多金属中，他们特别钟爱黄金。恰好，他们身边最不缺的就是黄金，因为在印加王国的鼎盛时期，一系列金矿就已经不断被发掘出来，这也造成了黄金的广泛使用。

据记载，在印加王国的首都库斯科，建有许多壮观的太阳神庙和宫殿，而在这些建筑上都使用了大量的黄金。神庙中的墙壁是用黄金片镶嵌的，中间一个金制圆球，代表太阳；旁边有几百条金制线条，代表太阳的光芒。在王国庄严的宫殿建筑上，四处均镶嵌着黄金饰品，灿烂耀目，光彩辉煌。由于印加王国盛产黄金，即使一般老百姓都佩戴黄金制品和收藏着黄金，以致一些日常物品，诸如饭锅和水罐等都有华丽的金银装饰。正因如此，当这个封闭的强盛王国为外界所了解后，立即被称为"黄金国度"。

对于印加人而言，黄金虽然在他们眼中属司空见惯之物，但却不知在遥远的另一块大陆上，有一个对黄金极为痴迷的国度，那里有无数为获得黄金而不择手段的贪婪者。正是这种贪欲，终将给印加人带来灭顶之灾。而更悲哀的是，到16世纪时，印加王国迅速由盛而衰，这也直接导致了它无法抵御外来的侵略。

■ 印加贵族所用黄金器物

贪婪的侵略者 ▶▶▶▶

15世纪末，由于欧洲商品货币经济的发展，货币的需求量大大增加，而金银恰恰是最理想的货币。中世纪的西欧最初实行银本位制，15世纪以后，逐渐过渡到金本位制，金银也是国防贸易的支付手段。于是，西欧的国王贵族和商人像发疯似地到处追求黄金和白银，形成一股贵金属热。"发现"新大陆的哥伦布就曾说过："黄金是一个奇妙的东西。谁有了它，谁就成为他想要的一切东西的主人。有了黄金，甚至可以使灵魂进入天堂"。

在欧洲人眼中，直到15世纪时，美洲还是一片充满神秘色彩的地方。但是随着哥伦布等冒险家对这块大陆的"发现"，欧洲人开始了解到它的富庶。尤其是印加王国，更被他们视为遍地都是黄金的国度。于是贪婪者的目光，便瞄向了这片原本平静的土地。一位来自西班牙的冒险者弗朗西斯科·皮萨罗闻风而来，企图实现自己的黄金梦想。

弗朗西斯科·皮萨罗（Francisco Pizarro，约1474~1541），西班牙最著名的殖民地征服者之一。他出生于西班牙的特鲁希略镇，是一位军官的私生子。在童年时期，皮萨罗生活贫困，也没有受过什么教育。长大后，他只好投身军队谋生，后来又加入了西班牙航海探险的船队，曾奉派参加过几次探险任务。1504年，皮萨罗来到新大陆，甚至曾作为农民定居了一段时间。在此期间，他偶然听说秘鲁印加王国有大量财富的传闻，便决定前往调查。1522年，他与教士埃尔南多·德·卢克及士兵迭戈·德·阿尔马里奥合伙，从巴拿马南下寻找传说中的印加王国。但是在1524年和1526年的两次探险中，他们的计划均告失败，始终没有踏上印加的土地。

1528年春，皮萨罗从美洲回到西班牙。幸运的是，当

弗朗西斯科·皮萨罗，西班牙冒险家，印加王国的征服者。

49

■ 西班牙国王查理五世，他大力支持在美洲的殖民事业。

时的西班牙国王、神圣罗马帝国皇帝查理五世对他的经历发生了浓厚的兴趣。1529年，查理五世签署文件，授权皮萨罗征服秘鲁，并任命他为"远征军司令"、"秘鲁最高行政长官"、"秘鲁最高军事长官"、"秘鲁大法官"等职。于是在1531年初，皮萨罗带领一支由170名士兵和探险者组成的小型远征队，乘坐三艘小船从西班牙启程，开始了他的第三次冒险。为了确保计划成功，皮萨罗的手下都是经过他精心挑选的。大部分都是他自己的同乡，其中还有三个人是他同父异母的兄弟，这些人都对皮萨罗死心塌地。

他们人数虽然少，但准备得很充分，可以说是全副武装。他们配有两尊小型火炮，还有十几支当时十分难得的前膛枪。不掌握火器的其他人也都配有剑和长矛，身上套着闪闪发亮的铁制铠甲和头盔。他们的马也是全副武装，这些马身高体壮、来去如风，马身马首披着让人望而生畏的战甲，这一切足以给从未见过马的印加人带来巨大的恐惧。

尽管当时皮萨罗已经五十多岁了，但对财富的贪欲仍使他不顾一切地踏上印加的国土。令皮萨罗喜出望外的是，此时的印加王国正在爆发内战。在获知这一信息后，他立刻意识到这是征服印加王国的最好时机。而他的那班手下，更是满脑子都是对黄金的狂热。在他们心中，印加是一个落后、低级，却又盛产金银的国度，那里的金银多得超乎想象，贵族们不但用金子打造身上的饰品，还用金杯喝酒。梦寐以求的财宝，足以成为他们冒险的动力。

知识链接

查理五世

查理五世，西班牙国王及神圣罗马帝国皇帝（1500~1558年），1519年当选为神圣罗马帝国皇帝（1520~1556年在位）。曾发动与法国和土耳其的战争，顽固反对欧洲宗教改革运动而极力维护天主教统治。1550年，曾召开会议，讨论对美洲印第安人残忍地使用武力是否有违道义。晚年据说患有神经系统疾病，退位在西班牙埃斯特雷马杜拉的尤斯特修道院度过余生。

以 170 对 5000——冒险分子的胜利 ▶▶▶

1532 年 9 月，皮萨罗率领他的 170 名手下，开始向深山之处的印加挺进。他们在群山峻岭和丛林中穿行，后来发现了印加人所修筑的交通驿路。一路上，皮萨罗捕获了一些印加人。为了从这些俘虏人口中了解到印加国内的情况，他命人严刑拷打他们，并强迫他们做向导。从俘虏人口中，皮萨罗得知，印加人的内战刚刚结束，而他们的新国王阿塔瓦尔帕（Atahualpa）正率领部下从基多赶往帝国首都库斯科，眼下正在卡哈马卡城附近扎营。

冒险者皮萨罗深知，必须擒获印加国王，才能最直接地获取更多的金银财宝。在与同行的西班牙神父商量后，他们策划了一个阴险的计划——邀请阿塔瓦尔帕前来卡哈马卡城。随后，皮萨罗让印加俘虏给阿塔瓦尔帕带去这样的口信："我，弗朗西斯科·皮萨罗，作为万能的主和强大的西班牙国王的仆人，将引导你们服从基督教和国王的支配。如若不从，我将抓住你们的女人和孩子。我还要重申，由此带来的死亡和毁灭都是你们的过错"。在得知皮萨罗的口信后，印加王国无上的统治者大为光火，他根本就没将这一小撮西班牙的入侵者放在眼里。他立刻命令军队向卡哈马卡城进发，去会会这位不可一世的西班牙人。

1532 年 11 月 15 日，皮萨罗一行终于到达卡哈马卡城。然而映入他们眼帘的，竟是阿塔瓦尔帕率领的 5 万名战士！尽管自己的手下们胆战心惊，但孤注一掷的皮萨罗仍决定按原定计划绑架印加国王。他们的计划是：将印加国王诱骗到广场上，皮萨罗率 20 个步兵与之见面。这时他的兄弟坎迪亚和 3 名步兵带着喇叭和一尊小炮到卡哈马卡广场边缘的一个小丘后埋伏，等待他在合适的时机发出信号。坎迪亚看到信号后，将鸣枪鸣炮示意，通知所有人迅速冲

印加国王阿塔瓦尔帕

出各自的军营，骑兵骑上他们的战马一同杀出，合围印加国王，而皮萨罗则率 20 个步兵负责趁乱抓住阿塔瓦尔帕和他身边的人。第二天傍晚时分，阿塔瓦尔帕带领着 5000 人的队伍来到西班牙人驻扎的广场。

经过商量，皮萨罗派随军牧师文森特·德·巴尔维德和翻译一起走进广场，去会见印加国王。见面后，巴尔维德手捧《圣经》，开始向阿塔瓦尔帕布道："我请求你们，并要求你们视教会为你们的主人，视上帝为世界和宇宙的主宰。我也要求你们把教士、教皇和尊敬的西班牙国王视为统治者和至高无上的王。如果你们不这样做，上帝将助我勇猛地与你们作战，在一切地方，采取一切方式和你们作战。我将引导你们服从基督教和国王的支配。我还要重申，由此带来的死亡和毁灭都是你们的过错"。在听完翻译的转达后，阿塔瓦尔帕将牧师手中的《圣经》要了过去。他轻蔑地问牧师："为什么这本书不跟我说，它什么也没告诉我"，然后就随手将《圣经》丢在了地上。

阿塔瓦尔帕的举动激怒了巴尔维德，他返身向皮萨罗等人大喊："出来吧！出来吧！基督徒们！向这些拒绝

■ 皮萨罗一行觐见印加国王

上帝福音的敌人冲过去吧！那个暴君竟敢把《圣经》扔在地上！……向他们冲过去，我会宽恕你们的罪孽的！"这时，皮萨罗向坎迪亚发出了进击的信号。

看到信号后，全副武装的西班牙士兵立即叫喊着从军营里杀出，开始了对手无寸铁的印加人的屠杀。在西班牙人冲击砍杀下，印加人毫无反抗余地。除了落后的装备难以与西班牙人相抗衡外，恐惧是他们最大的障碍，因为在他们看来，胸披铠甲、骑着战马的西班牙士兵简直就是天神。印加人已放弃回击，他们的队伍完全陷入混乱，许多人被踩踏而死。广场上全是印加人的哀号。经过一个半小时的屠杀，西班牙人几乎把广场上的印加人全都杀光了，5000多人中只有不到200人逃脱。

卡哈马卡广场大屠杀，西班牙人活捉了印加国王。

用黄金装满这些房子

在那场屠杀中，皮萨罗的目标只有一个：活捉阿塔瓦尔帕。据他身边的人员回忆："总督（即皮萨罗）本人一手拿剑一手拿匕首，带着身边的几个西班牙人冲进密集的印第安人群，并且非常勇敢地来到阿塔瓦尔帕的轿子旁。他大胆地一把抓住阿塔瓦尔帕的左臂，口中大喊一声'圣地亚哥'，但他无法把阿培瓦尔帕从轿子里扯出来，因为轿子被举得很高。虽然他杀死了举着轿子的几个印第安人，但别的印第安人立刻接上来把轿子举得高高的，就这样我们花了很长时间去制服和杀死印第安人。最后，七八个西班牙骑兵策马赶来，从一边向轿子猛冲，用很大力气把轿子推得侧倒在地，阿塔瓦尔帕就这样被俘住了。总督把阿塔瓦尔帕带到他的住所"，"当西班牙人把阿塔瓦尔帕从轿子里拖下来时，他身上的袍子也被扯落了。总督命人给他拿来衣服，阿塔瓦尔帕穿好衣服后，总督命令他坐在自己的身旁，劝他不要因为自己从高高在上的地位迅速跌落下来而生气和焦躁不安。总督对阿塔瓦尔帕说，'不要把你被打败和被俘这件事看作是一种侮辱，因为我手下的这些基督徒人数虽少，但我和他们一起征服过比你们更强大的王国，

皮萨罗俘虏了印加国王阿塔瓦尔帕

打败过其他一些比你更强大的君主"。

屠杀结束后，西班牙人把阿塔瓦尔帕关进一个地下室严加看守。为防被印第安人救走国王，他们用铁链锁着他的脖子，把他捆了一夜。随后又把他囚禁在一个长22英尺（6.7056米）、宽17英尺（5.1816米）、高超过8英尺（2.4384米）的房间里。控制了帝国的国王，阿塔瓦尔帕的数万大军便不敢轻举妄动了。皮萨罗为这个人质开出的赎身条件是：印加人必须用黄金填满囚禁阿塔瓦尔帕的这个房间，并用白银装满隔壁的两个同样大小的房间。这种史无前例的条件，无疑是人类历史上最无耻的勒索。

为了获得自由，印加国王同意了西班牙人的条件。阿塔瓦尔帕天真地认为，如果他把西班牙人想要的金银付给他们，他们就会放了他，并离开他的王国。得到国王的命令后，印加的臣民从各处源源不断地将财宝送来。一件件美丽的艺术品被熔掉，铸成金条和银块，堆向西班牙人的宝库。

在被囚禁期间，阿塔瓦尔帕仍一直以囚徒的身份统治着印加帝国。最后，印加人终于用金银堆满了那三个房间，共达6吨黄金和12吨白银。如获至宝的西班牙人按军衔级别瓜分了所有的财富，但是却仍然没有要释放阿塔瓦尔帕的意思。就在这时，有传言说阿塔瓦尔帕的一支军队准备前来营救他。为了杜绝后患，残忍的皮萨罗决定结束这位印加国王的生命。

1533年7月，无耻的西班牙人竟以通敌罪审判了阿塔瓦尔帕，并判处他火刑。他们还宣布，为了让阿塔瓦尔帕保存自己的灵魂，他们给他提供最后一个机会：如果他改信基督教，他们就用绞刑处死他。7月26日夜晚，被囚禁了9个月的阿塔瓦尔帕在卡哈马卡广场中心诵读了基督教的经文，改教名为弗朗西斯科。随后，他被就地处决。可悲的是，尽管他改信了基督教，西班牙人仍然焚烧了他的尸体。

皮萨罗处决了印加国王后，贪心不足的他又企图获取更多的黄金。随后，他带兵攻进了印加王国的首都库斯科。本来他满心以为，那里将有无数的黄金珍宝等着他们。然而尽管他们确实发现一些用黄金装饰起来的庙宇和宫殿，并在库斯科城近郊的一个洞穴里，发现了一些黄金器皿和一些金子做成的螃蟹、蛇、鸟等珍贵的物品，但最终也没有找到传说中那么多的黄金。后来，不甘失败的皮萨罗又听说，印加帝国的大量黄金在阿塔瓦尔帕国王遭到杀害后，被一部分印加人偷偷地运到印加王国"圣地"的的喀喀湖中隐藏起来了。得知这个消息后，皮萨罗于1533年12月派部下前去的的喀喀湖探宝。但直到七八年后，皮萨罗至死也没有能在湖上发现巨量黄金的下落。

随后，无数来自欧洲的冒险家蜂拥而至，深入亚马

皮萨罗向被囚禁的印加国王勒索

西班牙人处死印加国王

逊密林，试图找到传说中的黄金城和黄金湖。其中，有位叫凯萨达的西班牙人率领约 716 名探险队员向黄金城进发，在付出 550 条性命的惨重代价后，终于在康迪那玛尔加平原发现了黄金城和传说中的黄金湖，找到了价值 300 万美元的翡翠宝石，然而这仅是黄金城难以估价的财宝中的微小部分。几百年来，对于印加黄金的贪婪从未绝迹。1911 年，英国一家公司挖了一条地道，好不容易将黄金湖的湖水抽干，但太阳很快地把厚厚的泥浆晒成干硬的泥板，当英国人再从英国运来钻探设备时，湖中再度充满湖水，这次代价巨大的打捞行动也归于失败。直至 1974 年，哥伦比亚政府担心湖中宝藏落入他人之手，出动军队来保护这个黄金湖，从此就再也没有人能够接近这批宝藏了。

神秘而美丽的黄金湖的的喀喀湖

死人也不放过：
血腥的纳粹宝藏

您或许知道，在第二次世界大战中，有600万犹太人惨死了在纳粹的屠刀下。但是您知道吗，在被剥夺生命的同时，犹太人的财富也被这些刽子手搜刮得一干二净。当迫害犹太人的动员令下达后，希特勒的党羽们便纷纷伸出魔鬼般的双手，洗劫每一个犹太人身上的黄金和首饰。更令人发指的是，凶手居然连死人也不放过。在集中营内，每当犹太人被迫害致死，丧心病狂的纳粹甚至动手敲下死者的假牙，然后积攒起来铸成金块！

不可思议指数：★★★★★

纳粹的宝藏

隆美尔宝藏

所谓隆美尔宝藏，是指纳粹名将"沙漠之狐"隆美尔所掠夺的一批宝藏，主要来自非洲的战利品，其中有金条、金砖、贵重金属和珠宝、钻石等，总值估计达三亿美元之巨。1943 年北非之战中，隆美尔被盟军击败，于是希特勒密令隆美尔务必将这笔财宝运往可靠的地点，或者将其销毁。战事结束后，尽管多方搜索，盟军后来并没有发现这笔财宝，它似乎神秘消失了。

■希特勒

第二次世界大战期间，纳粹德国的铁蹄几乎践踏了整个欧洲大陆，对许多国家犯下的滔天罪行可以说是罄竹难书。他们在别国的领土上滥杀无辜，为所欲为。不仅如此，他们还是一群贪得无厌的强盗，对所到之处进行了掠夺式的洗劫。

为了更好地掠夺其他国家的财富，希特勒曾经精心组织了一支特别部队，他们的任务就是专门有计划地对各国的珍贵文物、金银财宝进行有组织的大规模的抢劫。结果，许多被占领国家的古堡、宫殿、博物馆里珍藏的艺术珍宝被洗劫一空。以波兰为例，纳粹在刚刚征服波兰的时候，其第二号人物戈林就下令大肆掠夺波兰的文物。他曾对部下这样说："你一发现有什么东西可能是德国人民所需要的，就必须像警犬一样追逐，一定要把它弄到手。"在不到半年的时间里，波兰几乎所有的文物都全部被纳粹接收。同时，纳粹只要占领一个国家，其财政人员便马上夺取这个国家的黄金和外国证券、外汇等，并向这些国家征收数目惊人的"占领费"。此外，纳粹还通过种种理由巧立名目，迫使占领国支付"罚金"、"贡金"等等。根据有关方面的统计，到战争结束时，纳粹仅"占领费"一项的收入就有 600 亿马克。而那些国家被迫支付的"罚金"、"贡金"等的金额也高达 1040 亿马克。

德国官方的一份秘密报告表明，到 1944 年 7 月为止，从西欧运到德国的文物共装了 137 辆铁路货车，共计 4174 箱，20973 件，单单绘画就有 10890 幅，其中绝大多数为名家杰作，其价值简直无法估量。这还只是有据可查的，至于那些没有登记在册的，其数量根本就无法统计。

在国家性掠夺的同时，那些纳

粹头目也趁机为自己大肆敛财，扩充私人收藏。仅以戈林（Hermann Galin）为例，他一个人所收藏的文物，据他自己估计就值5000万德国马克。其中包括5000幅世界名画，16万件珠宝镶嵌的宝物，2400多件古代名贵家具。这些物品中有1500件属于稀世珍宝，绝对可以组建一个颇具规模的博物馆。1945年4月20日，戈林坐着他的装甲汽车仓皇出逃往巴伐利亚，后面紧跟着的卡车护送队装满了他从各国搜刮来的财宝。结果美国部队在其运送途中截获了最后的一批，其中就包括了27箱绝版书，4箱贵重的玻璃器皿，8箱金银器，无价的东方地毯等物品。

正是这些疯狂的掠夺使纳粹法西斯手中掌握的财富迅速膨胀，数目大到惊人的地步，这些财富经过瓜分形成了令人垂涎的宝藏，例如著名的希特勒金库、大德意志之宝、隆美尔宝藏等，直到今天都为许多人魂牵梦绕。

纳粹德国二号人物戈林

知识链接

希特勒金库

所谓希特勒金库，指的就是1938年奉希特勒之命而建造的"狼穴"。据说它建造在波兰格鲁贝尔河畔的一座名叫凯特尔赞的小城地下二十多米的深处。1939年到1944年间，这里一直是希特勒的参谋部所在地。在"狼穴"里还有一座造币厂和一个银行。据后来被抓获的纳粹分子交代，在这座神秘的地下金库里曾经存放着数量相当惊人的黄金、白银和各种珍宝。为了确保"狼穴"工程的绝对秘密，纳粹法西斯不仅残忍地把当年参与修建该工程的一万名工人全部枪杀，而且连参与制定"狼穴"工程方案的所有设计人员也无一幸免。也正因如此，"狼穴"的位置、内部构造等成了永远无解的谜。二战结束后的十多年内，无论是苏联人还是波兰人，都曾为此费尽周折，但最终也没有能找到这座地下金库，甚至连与这笔财产有关的编制清单也从来没有发现过。

大德意志之宝

所谓大德意志之宝，是指1944年底在纳粹德国即将崩溃前夕，希特勒为日后东山再起而开始有计划地藏匿起来的一大笔德国政府的财产。当时希特勒密令把还留在德国的所有财宝以"国家财产"名义隐藏起来，并派专人负责此事。1945年4月，有近千辆卡车秘密转移了德国银行的财产，按当时的估价这笔财产大概相当于3500亿法郎。同时被转移的还有一大批首饰、金条、宝石、稀世的艺术珍品，以及纳粹头子们的私人财产和教会财产；另外还有从意大利、南斯拉夫、希腊和捷克等国犹太人身上掠夺来的总价值估计可达7000亿法郎的财产。

神秘矿井内的惊人发现 ▶▶▶▶

　　1945 年 4 月 4 日，赫赫有名的美国将军巴顿率军占领了德国中部图林根地区的默克斯镇（Merkers）。就在这天，他接到了盟军情报部门的报告，报告称在附近地区调查时，一支特遣队从一些难民口中得知，在温德斯塔尔矿业公司的某座钾盐矿附近有过不寻常的"活动"。得到消息后，巴顿将军立刻下令在该地区实行宵禁。

　　4 月 5 日，当美军士兵在凯瑟罗达矿井排查可疑分子时，当地一名妇女指着井口说："那就是藏金子的矿井"。尽管将信将疑，美军司令部还是于 4 月 18 日派出一支部队进入该矿。经过一番搜索，他们在矿井深处发现了一座神秘的地窖。而当他们用炸药炸开地窖的大门后，顿时被眼前的一幕惊呆了。据事后目击者的描述，展现在他们面前的是一间有照明的、宽 23 米、长 45 米的密室。里面有超过 7000 个作了标记的袋子，高度齐膝，足足码了 20 排，每排间距大约是 1 米，其中很多袋子上印有"梅尔默"的字样，后来查明这些袋子属于纳粹党卫军的化名账户。经过几天的忙碌后，美军打开了所有的袋子，最终将地窖内的财物列入清单：8198 块金锭；55 箱金砖（每箱 2 条，每条重 10 公斤）；数百袋黄金器皿和制品；超过 1300 袋的金马克、金法郎和

纳粹德国的默克斯黄金

金镑；711袋20美元金币；来自15个其他国家的数百袋金银币；数百袋外汇钞票；9袋珍稀的古代金币；2380袋和1300箱的德国马克现金，面值达27.6亿；20块各重200公斤的银锭；40袋银条；63箱零55袋银盘子；1袋白金；还有从不同国家掠夺的110袋钻石和珠宝。令美军感到不可思议的是，在众多的金制品中，居然有一部分是死于灭绝营的犹太人口中拔掉的金牙！实际上，许多纳粹头子似乎非常擅长干这种事。比如负责搜捕和消灭犹太人的党卫队一级突击队长艾希曼，此人就极为残忍而贪婪。而他的一个习惯就是在屠杀犹太人之前将他们口中的金牙拔下，并提炼成金条据为己有！

默克斯镇矿井内发现的外国油画

随着搜查工作的深入，美军又在矿井内的其他隧道内发现了各种珍宝，其中尤其值得一提的是大量来自欧洲各国博物馆以及从私人那里抢来的珍贵艺术品：油画、版画、铅笔画、雕刻、古董钟表、集邮册……

8月中旬，盟国对这笔财富进行了称量和估价，结果显示：其中的黄金价值2亿6千万美元（注：当时1美元约合现在的15美元）、白银270,469美元，另有1袋白金锭和8袋稀有金币未进行估价。那么，这批数量惊人的黄金是从哪里来的呢？

原来自1938年11月9日臭名昭著的"水晶之夜"过后，纳粹对犹太人的大规模迫害也由此拉开了序幕。当时，希特勒的亲信戈林要求德国的犹太人用自己的黄金和首饰支付10亿马克的"赔偿费"。1938年12月，犹太人被禁止在没有得到德国经济部允许的情况下购买或出售贵金属和首饰。贵重物品必须存放在外汇银行的保管库里。3个月后，德国颁布了犹太人必须在两个星期内交出一切贵金属的命令，该命令规定犹太人仅可以保留结婚戒指、旧的银餐具和假牙。

知识链接

"水晶之夜"

"水晶之夜"指的是历史上纳粹分子迫害犹太人的一次暴行，发生于 1938 年 11 月 9 日。1933 年 1 月希特勒上台后，纳粹德国开始推行反犹措施，1935 年又开始驱逐犹太移民。1938 年 11 月 7 日，一名波兰籍裁缝的儿子赫舍尔·格林斯潘为了替受到迫害的父亲报仇，在巴黎刺杀了德国外交官恩斯特·冯·拉特。这一偶然事件遂成了纳粹分子发动新一轮反犹行动的借口。1938 年 11 月 9 日晚上，德国各地纳粹狂热分子走上街头，他们疯狂地捣毁犹太人的店铺和私人住宅，烧毁犹太人的教堂，公然迫害和凌辱犹太人，大肆逮捕犹太人，一直持续到 10 日凌晨。这一夜的打砸抢烧给犹太人造成了巨大的灾难，据统计，有 36 人被杀害，36 人受重伤，267 座教堂被焚烧或夷为平地，在德国和奥地利 7500 家犹太人商店被捣毁，3 万多名从 16 岁至 60 岁的犹太男子在自己家里被捕，押往集中营。这一夜砸毁的玻璃随处可见，要弥补这项损失，比利时全国玻璃工业要生产半年，由于被砸毁的玻璃晶莹透明，所以柏林居民用尖刻的俏皮话称之为"水晶之夜"。

战争爆发后，随着战线的扩大，纳粹德国越来越迫切需要黄金、资金和外汇来扩充军备，于是他们便开始了更大规模的掠夺。根据计划，纳粹分子先在占领地抢劫被占领国家中央银行的金库，然后在全欧洲攫取犹太人家庭的私有黄金。从 1941 年起，纳粹分子掠夺黄金与对犹太人的大屠杀同时进行。仅在当年的 7 月和 8 月这两个月里，党卫军突击小组和国防军部队就枪杀了 5 万犹太人，同时拿走了死者所有值钱的东西，尤其是黄金。

在打着"元首"的旗号掠夺时，许多纳粹分子还私自侵吞犹太人的财产。据一位名叫尤勒斯·谢尔维斯的荷兰籍犹太人回忆，当他被纳粹用一辆汽车送往索比博集中营时，一名党卫军突然拔出枪对谢尔维斯说："把所有值钱的东西交给我。"另据披露，在马里乌波尔，几名党卫军成员在完成枪决命令后，居然又从死者身上搜走了金币、首饰和手表。在加利西亚地区的斯坦尼斯劳，党卫军成员布洛克把受害者的黄金和珠宝成箱地藏在自己的办公室里。当拿到这些黄金后，纳粹便把它们送到当铺出售，或者熔成金块。1942 年 8 月，党卫军头子希姆莱命令把所有的贵金属送到柏林的经济管理总部。他同国家银行行长商定，由国家银行使用这些财物。作为回报，银行为党卫军提供信贷。

为了保密，纳粹党卫军中队长布鲁诺·梅尔默总是穿便衣押运从党卫军经济管理总部到柏林市中心国家银行的卡车，车上装着金银、首饰和钱币的铅封箱子。这些东西全都是从奥斯威辛集中营和东欧其他集中营的犹太人那里抢来的，后来，这笔沾满犹太人鲜血的财宝就被称为"梅尔默黄金"，而在默克斯镇的矿井内

盟军在清点矿井内的藏品

发现的地窖正是其中的一部分。

　　战争结束后，身为党卫军头目的梅尔默被捕。关押期间，他交代了血腥掠夺犹太人财富的罪行。在接受美国人审问时，梅尔默声称这些黄金的总价值至少有 6000 万马克，并表示曾经对犹太人有那么多黄金感到吃惊。而据英国战时经济部的评估，默克斯黄金其实仅占德国全部黄金储备的 20%。根据 1945 年 8 月英格兰银行的估计，各被占领国中央银行被掠黄金的总数多达 377 吨。

　　就在默克斯黄金被发现的同时，又一批血腥的财富被曝光。1945 年 5 月，美国陆军第 3 步兵师第 15 团在奥地利小镇魏尔芬附近发现了一列被遗弃的列车，车中有大量的黄金、珠宝、艺术品、

纳粹德国犹太人集中营。数目惊人的纳粹宝藏正是建立在对犹太人掠夺的基础上才累积起来的

家具、高档裘皮和名贵地毯。这列火车是从匈牙利开出的，车中的财物大多是匈牙利法西斯运动"箭十字"党徒从犹太人受害者那里掠夺来的。据披露，"箭十字"党徒在希特勒的支持下上台后，不到一年就屠杀、放逐了80万匈牙利犹太人中的60万。苏军解放匈牙利前夕，一些亲纳粹的匈牙利高官将这些财物装入44节车厢后向西转移，以免其落入红军手中。其中20节车皮后来在德国西南部的圣安东被法军俘虏，剩下的24节车厢留在了奥地利，护卫列车的42名匈牙利军人在美军到达前就带着详细的货物清单逃跑了。尽管当时美军方面私吞了这些列车中的一部分财宝，但据1947年的一份不完全报告，人们依然为其数目震惊。报告称，这些物品包括：10箱金制品，每箱45公斤；1箱金币，重100公斤；18箱金首饰，每箱重量从30到60公斤不等；32箱金表和金烟盒；1箱纸币，内有44,600美元、52,360瑞士法郎、260,484便戈（匈牙利货币）、84意大利里拉、10巴勒斯坦里拉、66加元、5瑞典克郎、15德国马克；1560箱银餐具；1箱银锭；200件以上的绘画作品；3000多条名贵地毯；4400条挂毯和小块地毯。此外还有大量零散堆放的高级服装、上等裘皮、内衣、皮鞋、手表和怀表、照相机、集邮册、蕾丝花边、唱片、玩具、烛台、瓷器、水晶器皿、桌子、椅子、台灯、吊灯、1万多条亚麻桌布、床单、鸭绒被褥……总价值高达2亿美元。

阴魂不散的纳粹宝藏 ▶▶▶▶▶

由于种种原因，对于纳粹究竟掠夺了多少财富，后人很难精确计算出来，而大部分不义之财的下落也成为一大历史悬案。尽管在战后几十年间不断有人宣称发现了纳粹宝藏，欧洲数个偏僻地点先后起出过金条、名画和珠宝等，但这一切只不过是纳粹藏宝中极小的部分。也正是因为纳粹藏宝的数目是如此巨大，自然引起了无数人的垂涎。很多人相信，哪怕只是找到它的一星半点，也能让人一夜暴富，享用不尽，所以有许多发财心切的冒险者纷纷踏上了搜寻纳粹藏宝的道路。不仅如此，不少国家的政府部门也把眼光盯在它的身上。由于都自认有权得到这笔财产，包括原联邦德国政府和奥地利政府以及法国、美国、苏联和以色列的秘密机构都曾竭力地寻找这批财宝。1960年，据说以色列政府就在奥地利布拉亚·阿尔默的高山牧场区找到了价值190亿法郎的宝藏。而在众多搜寻纳粹藏宝的故事中，最吸引人也最恐怖的当属"杀人湖"的秘密。

话说在奥地利萨尔茨堡往东南60公里的巴特奥塞附近有一片山区，这里怪石嶙峋，松林茂密，阴森幽暗。山里面有一个被称为托普里塞湖的湖泊，早先它曾是一个盐矿，大约有2000米长，还不到400米宽，但最深处却达到103米。1945年5月初的一天，一个常在托普里塞湖上打鱼的渔夫，从湖中打捞上来了一张印着各种奇怪符号的纸片，后来还在当地一家银行里兑换成现金。不久便有传闻说，托普里塞湖里埋藏着党卫军攫取的黄金。

消息传出后，盟军赶紧派兵前去搜索，没想到好几名潜水兵却在水下意外死亡。而此后，一些与此事有干系的人先后神秘失踪。1946年2月，奥地利两位工程师来到托普里塞湖寻宝。结果一个月后他们的尸体在附近山上被发现，现场可谓惨不忍睹，死者的肚子被剖开，胃被塞到了背囊里！1952年，随着冒险分子的接踵而至，又先后有好几人神秘地死于非命，托普里塞湖也因此被冠以"杀人湖"的恐怖名字。直到1983年初秋，托普里塞湖还在上演类似的悲剧。一名西德潜水运动员阿格纳不顾当地政府的禁令，执意潜入了湖底，没想到漂上来的却是他的尸体。经调查发现，致死的原因是有人割破了他的氧气管。这次事件发生后，奥地利当局下令严厉禁止一切在托普里湖的民间业余潜水活动。

多少年来，对于纳粹通过各种残忍手段掠夺的巨额财富，人们一方面深知其血腥与罪恶，但同时又无不受其诱惑。由此看来，在财富面前，所谓的道德与良知总能被轻易地忽略不计。事实上，不管这些财富最终落入谁手，对于那无数死于纳粹屠刀之下的无辜者而言，又有什么意义？

FEINSILBER
999
1000 G
658240

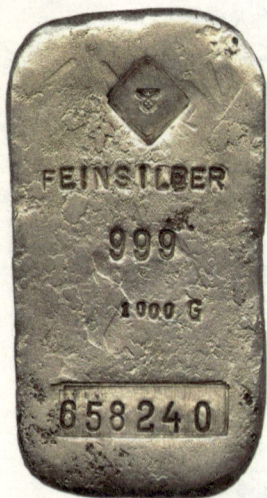

■ 纳粹宝藏如今成为一些冒险者追寻的目标

七

金百合计划：
日军在亚洲的秘密掠夺

6000 吨黄金意味着什么？告诉你，如果折合成现金，它可以在北京修建 100 条 20 公里长的地铁。这个数字，仅仅是日本侵略者在占领南京期间的搜刮所得。而 60000 吨黄金意味着什么？相信你已经有一个初步的概念了吧？这个数字，则是二战期间日本人在东南亚的搜刮所得。据说有一些美国学者，当他们对日军掠夺财富的行为进行深入研究后，竟被自己所得出的结论吓了一跳，因为如果将这个数字折合成今天的美元，答案是 100 万亿！那么，日本人是通过什么手段创造出这一"奇迹"的呢？下面这些不可思议的故事将告诉你真相……

不可思议指数：★★★★☆

天皇策划"金百合计划" ▶▶▶

琉球漂民事件

又称牡丹社事件，是清朝时期日本试图吞并清朝藩属国琉球国而借口出兵侵略台湾的军事行动，这也是日本政府自从明治维新以来第一次向国外发动的战争。1871年10月，一艘琉球船在回航海上遭遇台风，漂流至台湾南端，船上69名乘客溺死3人，有66人登陆。但后来他们因闯入台湾原住民住地，遭台湾原住民杀害54人，逃过一劫的其余12人则在当地汉人营救下前往台南府城，然后转往福州乘船归国。1873年，日本政府派出使节副岛种臣前来中国交涉。1874年5月，日军在台湾登陆，但随即遭到原住民强烈抵抗。5月下旬，清政府派遣沈葆桢与日本进行谈判，签订《北京专约》，事实上承认了琉球是日本的属地，中止了中国与琉球间的藩属关系。

日本明治天皇画像

日本，这个孤悬在茫茫大海中的岛国，本来资源贫乏，但却是当今世界上最发达的经济体。这其中固然有其民族善于学习、擅长贸易等因素，但一些不光彩的行径也发挥了巨大作用，而其中一个罪行就是对邻居趁火打劫。自15世纪开始，这个国家为摆脱困境，就屡屡将目光瞄向东亚邻国，试图通过战争掠夺人家的财富。不过在当时，羽翼未丰的日本几乎每次都是无功而返，只能靠一些海盗在周边地区小打小闹。但是自从明治维新以来，野心迅速膨胀的日本统治者再度跃跃欲试，向邻居们露出狰狞的牙齿。

早在1871年，国力刚刚有所起色的日本就利用"琉球漂民"事件侵略台湾，最终向软弱的清政府勒索了50万两白银。20多年后，通过孤注一掷的甲午战争，日本军国主义又强行勒索了清政府白银2.3亿两，这笔钱相当于那时日本十年的财政收入。而进入20世纪30年代后，日本更是彻底撕下伪装，对中国的领土发起了赤裸裸的军事侵略。此后在坦克与大炮的保护下，日本侵略者开始对中国的每一寸土地进行疯狂掠夺，搜刮了难以计数的黄金、白银和珠宝，还有文物、古籍和艺术品。而随着日本军国主义战线的不断拉长，除中国内地外，从香港到新加坡，从马尼拉到雅加达，东南亚各国所有华人华侨都遭到了同样的残酷掠夺。

在那段黑暗的时期，中国并不是唯一的受害者。可以说，日本对亚洲财富的掠夺动员了全社会的力量，其掠夺的对象也包括被占领区的整个社会，日本军队既搜刮被占领国国库、银行，也肆无忌惮地抢掠被占国平民的首饰乃至一切可以制造武器的金属物品，日本军队甚至大肆挖掘被占领国古墓，从其中掠夺财富。据有关人士研究，仅仅在菲律宾的某处藏宝地点，日本就可能隐藏了777万亿日元。

更令人吃惊的是，日军的掠夺完全是有计划、有组织的，而其最高的领导，就是日本天皇裕仁。根据美国研究者西格雷夫夫妇在《黄金武士》一书中的披露，日本的系统洗劫行动还有一个动听的名字——"金百合计划"。

书中透露，所谓的"金百合计划"正式启动于1937年南京大屠杀期间。由于担心士兵的零星抢劫会破坏一些价值无法估量的文物，同时避免金银财宝落入日军官兵私人之手，天皇统治集团决定独占这些巨额的财富。为此，日本方面任命裕仁天皇的弟弟秩父宫雍仁（英译名 Prince Chichibu，日本皇室成员的封号之后通常冠以"宫"）为该计划负责人，而其他皇室成员则负责各个占领区中的分支机构。计划的主要执行者是日本军队，日本的经济组织扮演了重要的角色，黑帮则是帮凶。"金百合计划"还网罗了很多专家，涉及文物鉴定、运输、地质、建筑等领域。

野心勃勃、趾高气扬的明治天皇。

日军"金百合计划"幕后元凶——天皇裕仁。

"金百合计划"的负责人，裕仁天皇的弟弟秩父宫雍仁。

掠夺中国

"金百合计划"的第一个目标便是向来以富庶著称的中国，自古以来，日本就一直对这个东方大国的财富垂涎不已。早在1931年"九一八事变"后，占领东北地区的日本就开始了全方位的抢劫。当时，关东军很快就占领了沈阳银行大楼、边疆银行和东三省银行的金库，日本宪兵队则洗劫了所有的省行以及各地支行，将大笔黄金及货币据为己有。有了前辈们的经验，"金百合计划"的执行者可谓青出于蓝而胜于蓝。

1937年底占领南京后，日本人在大肆屠杀中国百姓的同时，更不放过这里的一切财物，而"金百合计划"也由此正式拉开了序幕。可以毫不夸张地说，在这方面，日本人绝对胜过了他们邪恶伙伴纳粹分子。

在占领南京后，日本宪兵队开始执行"金百合计划"。被调遣来的宪兵特别行动小队四处搜查，扣压所有中国政府的财产，炸开银行的库房、抢劫富户及中产阶级的商人和其他人士的黄金、宝石、珠宝、艺术品和货币。整个过程可谓仔细而系统。据说仅在这一阶段，日本秘密宪兵就至少收集了6000吨黄金，另外还有无数中国

二战期间四处活动的秩父宫雍仁

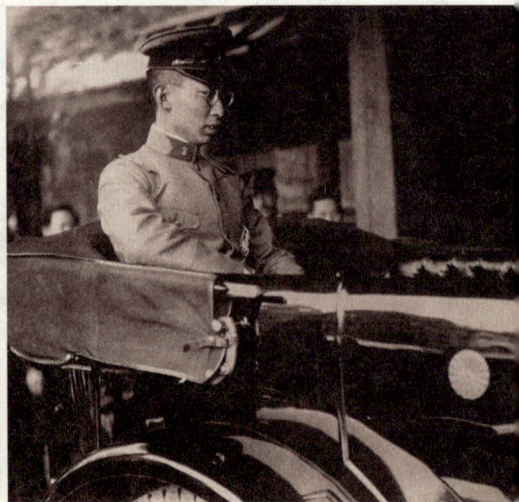

人喜欢储存的小金块、白金、钻石、红宝石、蓝宝石、艺术品和古董也遭抢劫。令人发指的是，这些财宝都来自私人家庭和农村的坟墓，日本强盗甚至把尸体上镶的金牙也敲了下来。随后，日本皇室成员亲自为抢劫物编制详细目录，接着将这些物品装上铁路货车和卡车，由参与金百合行动的军队贴封守护，运往上海。最终，这些战利品从上海直接船运日本，或由火车、汽车运往满洲处理，稀有金属进行分等，其他的首饰被融化后，重新浇铸为统一尺寸的金锭，然后再运回日本。

　　与普通的山野土匪不同，日军知道有些文化产品远比真金白银更值钱，特别是在中国这样一个历史悠久的国度，有更多让日本人梦寐以求的珍品。于是经过筹备，在"金百合计划"下面，又成立了一个特别行动组，其成员都经过精心挑选，对珍贵书籍和文稿有深厚造诣。令人吃惊的是，其中居然还有一些日本和尚，而这些出家人的任务便是在图书馆、博物馆、私人藏书或寺院的佛经里挑选精品，然后把这些珍宝运到东京。据战后美国人的估计，日本有300万册从中国各地图书馆抢来的珍贵图书和手稿。如果稍微了解一点有关文物的知识，就会知道这个数字意味着多少财富了。在这波洗劫狂潮中，中国的国宝、人类学历史上最珍贵的北京猿人头盖骨和牙齿极有可能被日本人藏到了他们的皇宫！

　　为了更彻底地搜刮中国的财富，日本方面甚至破格重用了一名黑社会头子儿玉誉士夫（Yoshio Kodama）。作为日本黑手党中的顶尖人物，儿玉相貌平平，矮小结实，肤色发黄，但其阴险毒辣却正是天皇所需要的。不久，此人便成了天皇弟弟秩父宫的部下，

■ 二战期间的日本和尚

日本黑社会头子儿玉誉士夫

直接为皇室工作，并在"金百合计划"的执行过程中发挥了很大作用。到中国后，儿玉的正式身份是驻上海日本海军和空军的"采购员"，而其秘密任务则是打着日本企业的幌子发现并获取铜、钴、镍和云母，外加通过贩卖毒品在中国敛财。根据美国的情报，儿玉所领导的公司垄断本地区的盐业、钼矿、农业、渔业和军需品工厂。后来，为了准备南进计划，儿玉居然被升为海军少将。

东南亚的噩梦 ▶▶▶

在榨取中国这个亚洲巨人时，日本也没有放过亚洲其他地区。可以说，日军铁蹄所到之处，当地人民就会被狠狠咬上一口。比如在朝鲜这个日本势力范围下的老殖民地，日本人几乎是不惜掘地三尺进行掠夺。虽然国力虚弱的朝鲜并不很富有，但其出产的青瓷也算闻名于世。日本侵占朝鲜后，抢劫了朝鲜宫廷和民间收藏的青瓷后仍不满足，后来竟大肆挖掘朝鲜古墓多达 2000 多处，其中包括位于开城的朝鲜王陵，掠走了墓中所有的珍宝，包括青瓷、佛像、王冠、项链、耳环、铜镜和其他装饰品。日本还以科学研究为名，把数以万计的朝鲜文物古籍运到日本国内，这些都是朝鲜的国宝。朝鲜寺庙也未能幸免，精美的佛像和铜钟被运到日本，一切金属宗教器具也被劫掠，用以铸造武器。

太平洋战争爆发后，仅仅用了不到半年的时间，日军就先后占领了东南亚十余个国家和地区。一直以来，东南亚就以富庶闻名全球。令当地人民绝望的是，虽然英国人、美国人、荷兰人等老牌殖民者被赶走了，但是取代他们的日本人却更加凶狠贪婪，并且很快就展示了搜刮财宝方面的"绝招"。这时，鉴于在中国的掠夺活动已"走上正轨"，为了开拓新的战场，秩父宫雍仁又被任命为"金

■皇室成员外衣下的秩父宫雍仁究竟做了多少见不得人的勾当？

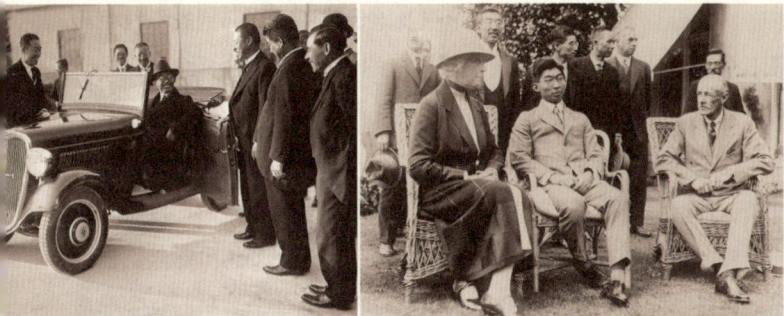

百合计划"在东南亚地区的主管，负责将日军从菲律宾、新加坡、马来西亚、荷属东印度和法属印度支那掠夺的财宝通过船队运回日本。占领新加坡后，秩父宫在新加坡建立了金百合计划的地区总部，把吉隆坡和槟榔屿作为了抢劫赃物的中转站。

在吉隆坡马来西亚中央银行金库，日本人抢到了许多金砖，每块重 6.25 公斤。他们还从马来西亚各省的马来酋长和华侨手中抢劫了大批黄金。在柬埔寨，日本人抢到了大量金砖。从缅甸抢劫的黄金约为 1000 吨。大量来自东南亚各国各种尺寸的金砖被运到马来西亚怡保重新浇铸成统一规格的金砖。从缅甸抢来的金砖则被浇铸成金字塔形，每块重 6.2 公斤。1942 年 7 月，日本人甚至掠抢到了一尊 4.5 米高的金佛！当时菲律宾国库中有 51 吨黄金、32 吨银块、140 吨银币和 2700 万美国财政部公债，还有大量宝石和债券，结果这些财富除一部分银币外，全部落入日本之手。日军还包围当地上层人士和中产阶级住宅区，迫令其离开住宅。随后宪兵入室洗劫资产，一切值钱物件以及金属制品被洗劫一空。他们还经常搜查平民，以获得藏匿的黄金和宝石。为了"又快又好"地推进抢劫事业，大量日本银行职员被派到东南亚各地，协助日军清理当地银行帐目，寻找出被隐藏的账户和财产。日本人用刑讯等手段迫使当地银行工作人员交出秘密库房和保险箱的钥匙，拒绝合作者大都会被折磨致死。利用这种方法，日本人在爪哇银行一次就得到 5200 万荷兰盾现金。

总之，日军在二战期间的抢掠对象包括占领区的个人、教堂、寺庙、银行、公司甚至黑社会组织及地下经济团体。据战争结束后很不全面的估计，日本在东南亚地区的"战利品"达数百亿美元，相当于今天的数千甚至上万亿美元，其中仅黄金一项就有 60000 多吨，还有许多无法估价的钻石、翡翠、玉器、宝石、佛像、字画、古书、古玩等奇珍异宝。甚至还有一些美国研究者认为，日军所掠的所有财富总额在今天的价值达 100 万亿美元之多！虽然人们很难搞清楚日本究竟从亚洲掠夺了多少财富，但有一个简单的数字非常说明问题。据统计，一向富饶的亚洲在经过日本的洗劫后，黄金储备只占当时世界黄金储备的 5%。

■ 东南亚黄金雕筑的佛像

不义之财哪里去了 ▶▶▶

虽然通过无耻的手段搜刮了如此巨量的财富，但小小的日本要把它们消化掉也不是轻而易举的事。有种种证据显示，这些财富大多数都堂而皇之地转化成了日本的"合法"储蓄，有些还被慷慨派送给了"友邦"人士。毫无疑问，这绝对称得上人类历史上最大的一次洗黑钱行动。

中途岛战役历史照片

知识链接

中途岛战役

中途岛战役是第二次世界大战的一场重要战役，也是美国海军以少胜多的一个著名战例。战役于1942年6月4日展开，美国海军不仅在此战役中成功地击退了日本海军对中途岛环礁的攻击，还得到了太平洋战区的主动权，因此成为二战太平洋战区的转折点。

太平洋战争爆发后，仅用了不到一年的时间，在马尼拉的 15 个码头上，日本抢劫来的财物已经堆积如山，这里也是整个东南亚的最后转运站。不过在中途岛战役之后，遭受惨败的日本开始感觉不妙了，而负责"金百合计划"的秩父宫和他的兄弟高松宫、三笠宫也已经意识到，日本最终将输掉这场战争。为此，他们立即着手通过海路将从东南亚抢劫来的财富运回日本。与此次同时，由于美军潜艇先后击沉了大量日本运输船，为了保护掠夺财富的安全，秩父宫于 1943 年将"金百合计划"的总部由新加坡搬至菲律宾的吕宋岛。在接下来的两年半里，日军将这批财宝登记注册，然后埋藏于吕宋岛上的 172 处地窖、隧道和山洞中。此时日本仍在幻想与盟国实现有条件停战，并在战后保住对菲律宾的占领，这样的话便可将这笔宝藏从容运回日本。

由于日本后来战败的速度远远超出了他们自己的想象，结果有许多财富永远留在了菲律宾各地。据有关档案披露，战后发现

🖼 二战期间曾经往来东南亚战区秘密运输东南亚财富的日本船只

的第一处日本宝藏位于菲律宾的圣罗马纳。日本人在菲律宾节节败退时，当地游击队曾发现日军将大批沉重的箱子运到一个山洞中，然后用炸药将出口封死。一名美国战略情报局的少校当时和游击队在一起，记住了藏宝地点，在战后重新打开了这个山洞，发现箱子中全是黄金。当然，遗留在菲律宾的日本藏宝只是他们掠夺的一部分，大部分则被悄悄运回了国内。当时，日本竟多次违反国际法，用医院船来转移掠夺的财富。1942 年 10 月，日本医院船"天应丸"从东南亚装载了 2000 吨黄金和大量水雷前往日本，并在横须贺军港卸下了这些黄金。而"天应丸"前身却是荷兰医院船"奥普登·诺尔特"号。

裕仁天皇夫妇晚年照

该船于 1942 年 2 月被日本驱逐舰捕获。由于捕获医院船的行为严重违反国际法，为了避免该船被盟国认出，日本海军于 1945 年在船上加装了一座伪装烟囱，并将其改名"第二冰川丸"，仍作为医院船使用。日本投降后，为躲避盟国的追查，"第二冰川丸"于 8 月 17 日在舞鹤海军基地附近的若狭湾被日本海军炸沉，以毁灭罪证。1945 年 3 月，另一艘医院船"阿波丸"抵达新加坡，在那里装上了大量的橡胶、锡、铝、大米，以及撤回本土的军政人员。该船于 3 月 28 日启航返回日本，4 月 1 日夜间在台湾海峡被美国海军"皇后鱼"号潜艇击沉。根据记录，船上除了战略物资和非伤员的人员外，还装有40吨黄金、12吨白金、15万克拉工业钻石、40箱珍宝、文物和艺术品，以及大量的美元、英镑和港元纸币。

运回日本本土后，几乎所有"金百合"宝藏都被秘密储存在一些废弃矿井中，还有一些藏在长野县的群山里。还有一部分股票、证券、持金证书等非物质财富，则被送到横滨正金银行或台湾银行，然后再转移到日本人在中立国银行开设的账户上。日本将掠夺的黄金浇铸为符合国际标准的金块，再存入中立国银行。就这样，通过一套完整的手续，日本将他们掠夺来的财富由"黑"洗"白"，从而为他们以后的经济复兴奠定了雄厚的基础。

八

女王也动心：
海盗德雷克的发迹

女王与海盗，这两个角色摆在一起你会不会感到别扭？的确，一个是尊贵的、神圣的，一个却是罪恶的、阴暗的。然而还真有这么一段历史，女王竟屈尊与海盗发展友谊，并且慷慨投资后者的抢劫事业以从中获利，最终又与之结成同盟，使其摇身一变成为贵族。这一幕，就发生在16世纪中期的英国。那时，在位的伊丽莎白一世女王，突然对一位名叫德雷克的海盗产生了浓厚的兴趣，于是便有了下面这些故事。

不可思议指数：★★★★☆

"另类女王"的奇招儿 ▶▶▶

　　话说 16 世纪以来，随着新航路的开辟，西方各国开始了的大规模海上贸易较量。没想到，在这场较量中，长期受到谴责与打击的海盗行业竟成为焦点。那时，世界各地航行着各种各样满载黄金和其他货物的船只，而各国出于利益竞争和对殖民地的野心，居然将残忍的海盗行为合法化，从而使海盗这一行业得到了空前繁荣。这一时期，海盗使用的武器主要是短火枪和水手弯刀。短火枪携带和使用都非常方便，是海盗的最爱；水手弯刀比一般的刀剑略短，刀身呈弧状，利于近战劈砍，是海盗们的主要武器。除此之外，他们还配有利于狭小空间作战的匕首、登船时用来砍断索具和网的登船斧、较短火枪而言射程更远威力更大的火枪……海盗船上则装备了大炮，可以发射单颗大铁球，也可以同时发射多颗小炮弹，另外

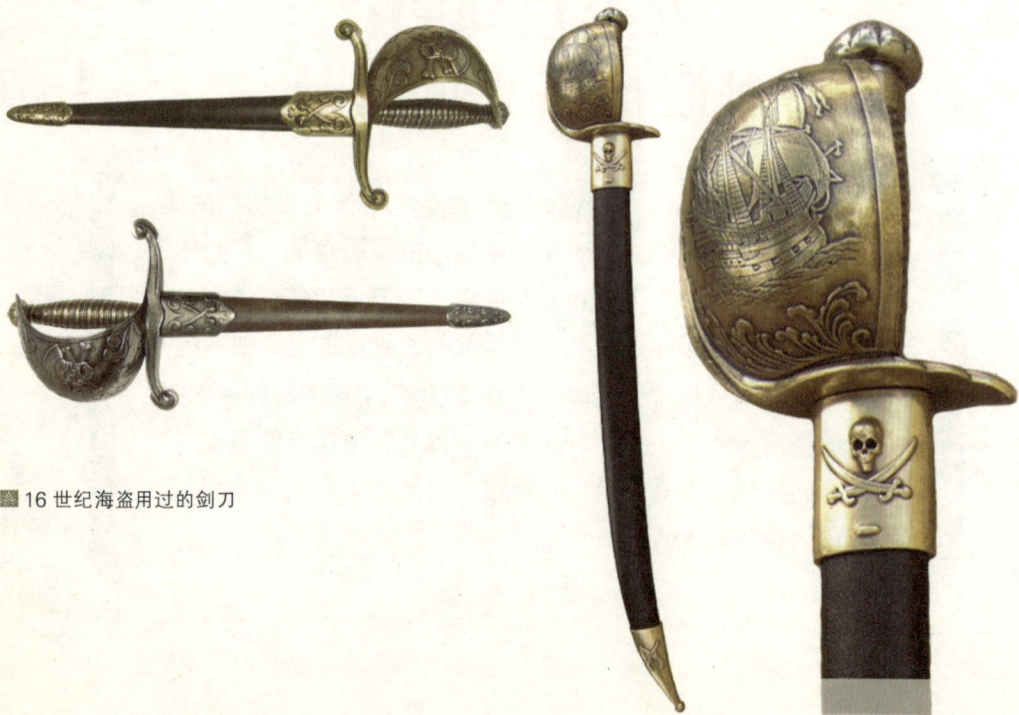

■ 16 世纪海盗用过的剑刀

还可以发射专门用来对付敌人桅杆的铁链弹——用长铁链连接的两颗大铁球。

第一个对海盗产生感情的，便是刚刚开始崛起的英国。

15 世纪中期，英国原本是一个名不见经传的小国家，它的整体实力根本抵不上当时的西班牙帝国，而其经济实力也比荷兰弱小低很多，但是这个国家在伊丽莎白一世在位时却创造了一系列经济奇迹。提起这位女王，简直有一箩筐的传奇故事。

她 25 岁登基，终身未婚，其性格就像是一只凶狠但又不失温柔的老母鸡，看护着英吉利民族。在伊丽莎白女王上台后，这个好强的女人一心要把英国打造成欧洲强国。但是，要想在短期内增加国家的财富和经济实力，任务是非常艰巨的。恰在此时，一些令人振奋的消息不断传来。由于哥伦布、麦哲伦、达伽马等人的努力，西方终于找到了富庶的东方世界。于是，率先迈出这一步的葡萄牙、西班牙以及荷兰等国便获得了源

英国女王伊丽莎白一世

知识链接

女王伊丽莎白一世

伊丽莎白一世：英国都铎王朝女王(1533~1603 年，1558~1603 年在位)，亨利八世之女。她受过良好教育，通晓拉丁、法、意大利等语，信仰新教。1558 年玛丽女王去世后继位。伊丽莎白在资产阶级和新贵族的支持下，推行一系列有利于国家富强和资本原始积累的政策。在国外她采取使法国和西班牙两大强国互相牵制的政策，使英国一度较少卷入欧洲大陆纠纷，有利于增强国力。随着西班牙日益成为英国海外扩张的主要敌人，伊丽莎白一世纵容约翰·霍金斯、弗朗西斯 F. 德雷克等英国海盗抢劫西班牙船只和殖民地，1585 年又直接派兵援助尼德兰反抗西班牙的统治。1588 年英国击败西班牙无敌舰队，开始跨入海上强国的行列。

源不断的财富。不过作为后起之秀，要想在人家的地盘上分一杯羹也很不容易。伊丽莎白女王深知，自己的国家还不足以与西班牙这样的巨人抗衡，因为英国甚至连自己的正规海军都没有。怎么办？灵机一动的伊丽莎白想到了海盗这支力量。

虽然长期以来海盗行径都为世人不齿，但 16 世纪以后的近三百年间，他们可是国家的红人。只要你能为国家获取财富，谁管你杀人放火、打家劫舍？只要你能一夜暴富，你就有可能一步登天，你的子孙们甚至会摇身一变成为贵族，人模人样地戴着礼帽招摇过市。显然，用海盗最大的好处是如果他们和西班牙发生冲突，女王可以否认他们和她有关，并且说他们是违反政府的官方政策的。这样一来，女王既可避免与他国正面为敌，又可聚敛财富，实在是两全其美。正是出于这种考虑，女王积极鼓励海盗。令人震惊的是，

电脑制作的 16 世纪的典
型海盗船

许多海盗船甚至手持英国政府颁发的许可证，随意攻击和抢劫西班牙的货船并不受惩罚。什么是私掠许可证？解释一下，你肯定会感到不可思议。举个例子：假如一名荷兰商人的货物在德国被偷，又不能通过合法或外交手段来获得对于他损失的补偿，那他就能得到一封荷兰政府授权的私掠许可证，这样的许可证允许他可以俘获德国商船来弥补损失。因为按规定，被俘获的船只必须被带往海军部，以确认它们是合法的猎物，而非中立国家的财产。在持续了近 300 年的时间后，私掠许可证的使用才在 1856 年终止。据记载，1609 年到 1616 年土耳其海盗在地中海劫持了 466 艘商船；而在 1625 年，其中 10 天之内就被劫持了 27 艘商船。新大陆发现之后的加勒比海区海上运输也异常繁荣，随之在这地区海盗活动也空前猖獗，矛头指向这一地区的"独家掠夺者"西班牙货船。后来各国政府使用这些许可证作为国家工具来加强海军，可以使本国在不增加预算的情况下，凭空多出一支能够攻击敌国商船的海上力量。

正是在这样一种背景下，活跃于世界各地的海盗终于迎来了他们的黄金时代。而事实证明，后来的海上霸主英国，就是靠着一群海盗起家的。难怪有人曾戏说：全英国就是一大群海盗，伊丽莎白就是最大的海盗头子。在这个自由与荣誉共重、炮声伴随海风齐飘的海盗黄金岁月，一批著名的英国海盗头子相继涌现出来，而其中最著名的当属弗朗西斯·德雷克。

这个海盗不简单 ▶▶▶▶▶

弗朗西斯·德雷克的故事无疑是海盗史上最经典的传奇。

1540 年，德雷克出生于英国德文郡一个贫苦农民的家中，从学徒干到水手，最后成为商船船长，而赞助人就是当时的伊丽莎白女王，当时的英国虽然已经开始过渡到生产力急速发展的资本主义时期，但由于原始积累不够，还并不是什么航海大国，当时的海上霸主是西班牙人。

海盗史上的传奇人物弗朗西斯·德雷克

　　早在 15 世纪，伟大的航海家哥伦布就在西班牙和葡萄牙的赞助下发现了美洲大陆，后来麦哲伦又完成了环球航行，使得西班牙对海洋的认识远远超过了其他的欧洲国家，西班牙率先进入美洲，葡萄牙人则开进了印度。1519 年，西班牙人找到了传说中的黄金之国，在毁灭了阿兹特克和印加这两支玛雅人的后裔后，彻底控制了南美大陆，控制了秘鲁的金矿。为了垄断与亚洲和美洲的贸易，他们封锁了航路，严禁一切他国船只的来往，非西班牙的船只甚至连太平洋都没有见过，太平洋变成了西班牙的私海，这引起了英法等国的强烈不满，后者在实力暂时不足的情形下，便将目光转向了海盗。

　　1568 年，德雷克和他的表兄约翰·霍金斯带领五艘贩奴船前往墨西哥。由于受到风暴袭击，船只受到严重损坏。起先，西班牙总督同意他们进港修理，但在几天后突然下令攻击，将英国船员全部处死，仅有德雷克和霍金斯逃离虎口，捡了一条命。德雷克不明白为什么西班牙要屠杀无辜的商人，更想不通的是新大陆的财富凭

继麦哲伦之后进行第二次环球航行，发现德雷克海峡的德雷克

什么只有西班牙才能享受。从此以后，他就有了一颗仇恨西班牙的心，他发誓在有生之年一定要向西班牙复仇，就此确定了其一生的轨迹。

1572 年，德雷克召集了一批人乘坐小船偷偷横渡大西洋，躲进了巴拿马地峡，像当年的探险家一样，横穿了美洲大陆，第一次见到了浩瀚的太平洋。在南美丛林里，他们蹲守了近一个月后，抢劫了运送黄金的骡队，又抢下了几艘西班牙大帆船，成功的返回了英国，受到了英雄般的欢呼。这次行动的意义并不仅仅在于获得黄金，更重要的是德雷克证明了西班牙人并不是不可侵犯的，他受到女王的召见，并很快成为女王的亲信。当女王下令招纳志士专门劫持西班牙商船，德雷克是第一个参加的人。

1577 年，他再次从英国出发，乘着旗舰"金鹿"号直奔美洲沿岸，一路打劫西班牙商船。西班牙人做梦也想不到，竟然有人敢在"自家后院胡闹"。可是当他们派出军舰追击时，德雷克早已逃往南方。

■ 能征惯战的海上魔王德雷克

不过由于西班牙的封锁，他无法通过狭窄的麦哲伦海峡。在一次猛烈的风暴中，"金鹿"号同船队其他伙伴失散了，被向南吹了5°之多，来到了西班牙人也未曾到过的地方。要知道，自从麦哲伦海峡被发现以来，人们一直认为海峡以南的火地岛就是传说中的南方大陆的一部分。但此时，呈现在德雷克面前的确是一片汪洋大海，德雷克被这意外的发现惊呆了，他很高兴地向大家宣布"传说中的南方大陆是不存在的，即使存在，也一定是在南方更寒冷的地方。"直到今天，人们还称这片广阔的水域为"德雷克海峡"。在一直向西横渡太平洋后，1579年7月23日，德雷克到达了马里亚纳群岛，8月22日穿过北回归线，9月26日回到阔别已久的普利茅斯港，再次成为"民众的英雄"。这次航行，也是继麦哲伦之后的第二次环球航行，不过德雷克却是第一个自始至终指挥环球航行的船长。

德雷克不但收获了荣誉，更收获了财富。在经历了三年的航行后，通过一路掠夺，德雷克带回了数以吨计的黄金白银。据估计，满载而归的德雷克给投资者带来了4700倍的利润，三年的投资平均回报率高达1000多陪！而作为资助者之一，伊丽莎白女王分到16.3万英镑的投资回报。你能想象吗？这个数字竟相当于是当时英国一年的财政支出！眼看自己的腰包一下就鼓了起来，喜出望外的伊丽莎白决定对德雷克进行封赏。随后，女王还隆重地授予德雷克骑士称号。从此，英国的海盗们又多了一层身份——国家的航海英雄。至于女王，则更加坚定了自己的理念，鼓励更多的海盗向德雷克学习，对敌人进行航海掠夺。

如果我们就此以为德雷克只会靠海盗本行发财致富，那就大错特错了。实际上，完成环球航行，给女王带来巨大的投资回报，对他而言不过是小菜一碟。而作为一名能征善战的海上魔王，他更大的冒险事业还在后面。

海盗打败了"无敌舰队" 》》》

通过依靠众多海盗们的掠夺，1580—1588年间，英国的经济实力迅速增长。面对这一切，向来以老大自居的西班牙再也无法忍受了，两个国家的战争眼看一触即发。

1587年，伊丽莎白女王处死了亲西班牙的苏格兰女王玛丽，西班牙随即对英宣战，积怨已久的两国终于拔剑相向。不过战争还得靠实力说话，当时英国海军还非常弱小，仅有三十四艘战舰，根本无力与西班牙作战。危急时刻，德雷克带领着他的25只海盗船赶到。他们沿着西班牙的海岸开始"外科手术式的清洗"，在加的斯港外击沉了36艘西班牙补给舰，接着又冲进加的斯港击沉了 33 艘西班牙船只。5 月 15 日，德雷克舰队突袭里斯本附近的舶锚地，在混乱中千百艘船只相撞沉没，损失无以估量。接着他又攻占了圣维森特角要塞，扼住了地中海的咽喉。在回国的路上，他又顺手干了一票，打劫了西班牙国王菲利普二世的私人运宝船，抢到了价值 11 万镑的财富。由于这一系列的行动，两国间的海上决战延后了一年，从而为英国争取到了宝贵的时间。

1588 年 5 月 20 日，由 10 个支队，130 条船舰组成的西班牙"无敌舰队"从里斯本起航，7 月 19 日，开始在英吉利海峡步阵。英国方面除 34 艘皇家海军战舰外，还有私人船舰 60 艘，前锋便是由 34 艘战舰组成"德雷克支队"，德雷克的表兄海盗船长霍金斯也赶来帮忙，两人准备一起为当年死于墨西哥湾的同伴们报仇。英方的总指挥是霍华德勋爵，西班牙方面则是米地拉公爵领军。此时的西班牙战舰仍旧是以老式的楼船为主，这种船非常大，除了水手外还装满步兵，火力配备主要以重型的加农炮为主。对手西班牙海军使用的也仍旧是古老的横队战术，即让舰船肩并肩的前进，用舰首炮轰击后靠近敌船打接舷战。17 年前，西班牙人就是凭借着这种战术取得了勒班陀海战的胜利。但此时英国人却采用了更为先进的战术，英国战舰多为船身轻便的快帆船，除了水手外，不带任何步兵，这种船灵活轻便，更易于转向和突进，而且根本舍弃了"接舷

▨ 西班牙国王菲利普二世画像

知识链接

苏格兰女王玛丽

即 玛丽·斯图亚特，苏格兰女王，1542~1587 年。1543 年，年幼的玛丽加冕为苏格兰女王。1558 年与法国太子弗兰西斯举行盛大的婚礼。不到一年的时间，1559 年 7 月 10 日，法国国王亨利二世病故，弗兰西斯即位，称弗兰西斯二世，而玛丽便成为法国的王后。此外，按照继承法的规定，由于英国女王伊丽莎白一世没有子嗣，因此作为其堂妹的玛丽又是英国王位的合法继承人。弗兰西斯二世死后，玛丽回到苏格兰。1568 年，由于被指控谋杀了第二任丈夫达恩利爵士，被迫逃往英国，随即被伊丽莎白一世监禁。1587 年，由于担心西班牙方面利用其干涉英国内政，伊丽莎白一世下令处死玛丽。

知识链接

勒班陀海战

1571 年 10 月 7 日，威尼斯、西班牙和罗马教皇组成的神圣同盟联合舰队同奥斯曼土耳其帝国舰队在希腊勒班陀（今纳夫帕克托斯）附近海域进行的大规模战役。联合舰队参战兵力 8.4 万人，舰船约 230 艘，奥斯曼帝国舰队参战兵力 8.8 万人，舰船约 270 艘。经过 4 个小时激战，奥斯曼帝国舰队惨败，3 万名将士战死，8000 人被俘，损失舰船 230 艘。联军虽然获胜，但由于神圣同盟国家互不协调，未能把奥斯曼帝国势力逐出东地中海。此次海战标志着桨船时代的结束、风帆战船和舰炮时代的到来。

▓ 西班牙无敌舰队驶入英吉利海峡

▓ 无敌舰队在英国舰队炮火的轰击下慌乱撤退

▓ 伊丽莎白女王册封身为海盗的德雷克英格兰勋爵封号

知识链接

"接舷战"

接舷战即用己方船舷靠近敌方船舷，由士兵跳上船帮进行格斗的海战方法，是最早的一种海战战法，一直沿用至 17 世纪。17 世纪后，随着舰炮威力增大和舰艇机动性能的提高，接舷战战术逐渐被战列线战术所取代。

战"这种落后的方式，用德雷克的话说："海上的事要由船来解决，和步兵没有关系。"在火力配备方面，英国人使用轻型的长炮且多布置在两舷，战斗时则采用德雷克发明"纵队战术"，让舰船首尾相接的排列，用舷炮轰击。7 月 22 日晨，英国舰队借着顺风，以"一条单长线"的队形楔入西班牙舰队，由于先进的战术和灵活的机动性，没有一艘船被西班牙陆军抢占。到 7 月 25 日，西班牙已经损失了十分之一的舰船，而英国方面则汇合了西莫尔勋爵的援军，使舰船总数达到 136 艘。7 月 28 日晚，在德雷克等人的建议下，霍华德下令采取古老的火船战术。西班牙舰队阵脚大乱，无法保持队形，英舰趁机突击。从 29 日上午 9 时，到下午 6 时，双方舰队在没有编队的情况下，互相混杂，三五成群的对射，直到都没有炮弹为止，西班牙损失了近一半的船只，死伤 1400 人，英军则一船未沉且死伤不足百人，这就是史上著名的英西大海战。自此以后，西班牙一蹶不振，英国逐渐取代其成为海上的霸主，而德雷克则被封为英格兰勋爵，登上海盗史上的最高峰。

九

南海泡沫：牛顿也被套了

1720年12月的一天，伟大科学家牛顿在自己的日记中写下了这样一段话："我能计算出天体的运行轨迹，却难以预料到人们如此疯狂。"原来在大半年前，由于南海公司的股票一路飙升，手头富裕的牛顿爵士也怦然动心了，决心抓住时机"下海"捞上一笔。起初，仅仅两个月的时间内，他就通过卖出手中的南海股票净赚7000英镑，这在那个年代可是很大的数字，因为普通百姓一年的收入才十几个英镑！然而出人意料的是，当牛顿加大投入准备再赚一笔时，曾经炙手可热的南海公司竟突然崩溃了。结果，血本无归的科学家大亏了两万英镑。而在当时，像他一样损失惨重的投资者还有很多很多。事实上就连英国国王乔治一世，也因禁不住诱惑而认购了价值10万英镑的股票。

不可思议指数：★ ★ ★ ★ ☆

"国家级谎言" 出台了 ▶▶▶

图 创立南海公司的牛津伯爵

1711 年，英国著名贵族、牛津的哈里·耶尔伯爵创建了一家合股公司，名为"南海"。南海公司首先认购了价值 1000 万英镑的国债，取得了政府的支持，然后对外宣称：公司主要与西班牙在南美洲的殖民地进行贸易，致力于将英格兰的加工商品运送到金银矿藏丰富的南美洲东部海岸，当地土著会以价值百倍的金锭银锭购买，投资公司者会获得极高的回报。巧合的是，西班牙王位继承战争结束后，根据各国所签订的《乌得勒支和约》，英国获得了为期 30 年在西属美洲殖民地贩卖非洲奴隶的特权。1713 年 6 月 2 日，在全体股东大会上，该公司董事会主席格拉夫得意洋洋地宣布，公司已获得向南美洲输入奴隶的专利权。根据规定，南海公司只需向西班牙政府交付 1/4 的利润，就有权每年向西属南美殖民地运送一次黑人奴隶，数目大约为 4800 名。但是令南海公司的股东们失望的是，他们并没有从奴隶贸易中获得巨额利润。为了挽救公司，避免破产，公司董事会最终决定采用欺骗的手法，以虚假的信息诱骗投资人增加投资和吸收新的投资人。

知识链接

西班牙王位继承战争

指 的是 1701 ~ 1714 年英法等国为争夺西班牙王位及其殖民地和海上霸权的战争。1700 年西班牙哈布斯堡王朝的查理二世（1661 ~ 1700 在位）死后无嗣。生前曾立遗嘱，将王位传给法国国王路易十四之孙安茹公爵腓力，但规定法、西不得合并。奥地利皇帝利奥波德一世企图让其次子查理大公继承西班牙的王位。1701 年法王宣布腓力为西班牙国王，称腓力五世（1700 ~ 1764 在位），同时侵犯西班牙领地尼德兰。英国不能容忍法国独霸欧洲，因而与荷兰结成反法联盟支持奥地利的查理大公继承西班牙王位。先后加盟的还有普鲁士、德意志诸侯国、葡萄牙和萨伏依等。西班牙和巴伐利亚、科隆等选帝侯国等则与法国结盟。同年 3 月战争爆发，主要战场在意大利、尼德兰、德意志和西班牙。

利用人们渴望发财的强烈愿望，南海公司发布各种虚假信息。他们宣称，在秘鲁和墨西哥遍地埋藏着金矿银矿，无尽的宝藏闪着金光在向人们招手。以至于在大众心目中形成了这样的观念：只要把英格兰的货品送上海岸，成百上千倍的金砖银锭跟着就会绵绵不绝地输送回国内。恰巧在那个时候，一则令人激动的传闻不胫而走，在英国各地引发了更广泛的狂热——西班牙准备放弃智利和秘鲁沿岸的四处港口，南海公司则获得了这四个港口的使用权。这一传闻令人们对南海公司的信心倍增，而该公司的股票也在金融市场上变得越来越炙手可热。而实际上，南海公司与南美洲各国的贸易并没有给它带来什么实质性的收入。

经过几年的小打小闹后，南海公司终于迎来了绝佳的机会。1720 年 2 月，英国下院决定同意由南海公司承担政府的公共债务。南海公司中标的消息传出后，伦敦的各大交易所立即热闹起来，而该公司的股票则从一天前的 130 英镑迅速上涨到 300 英镑。

为了尽快使自己的股票涨价，南海公司调动一切资源大造声势，进行了各种虚假宣传，各种谎言随即纷纷出笼。不明真相的民众由此听到了许多小道消息：据说，英国和西班牙再次签订了合约，南海公司将被授权与西班牙所有的殖民地进行自由贸易。另外，南美洲某个地方埋藏的丰富矿产将被开发出来，源源不断地运回英国，届时英国的银子将变得和铁一样充裕。至于英国盛产的棉花和羊毛制品，将会吸引墨西哥人以他们全部的金矿来购买。如果这些消息属实，南海公司将变成世界上首屈一指的大公司，而加入南海

18 世纪早期准备出发前往殖民地的英国船队

公司进行海外贸易的人，都将因此变成全世界最有钱的大富豪。更有人煞有介事地声称，在南海股票上每投资 100 英镑，年末股东将获得超百倍的红利！所有这些消息，都使无数投资者变得兴奋起来。于是南海公司的董事们满意地看到，公司的股价很快就被炒到 400 镑。

4 月 7 日，关于南海公司的议案在上院也被通过。据说就在这一天，伦敦的鄂雷交易所被挤得水泄不通，就连交易所所在的康希尔大街也出现了严重的交通堵塞。面对无数前来购买股票的人群，一些观察者不禁感慨就连"傻瓜也想做一回骗子"。在民间，一些有关南海泡沫的歌谣也迅速流行起来，其中的一首名为"南海泡沫之歌"，当时几乎家喻户晓，歌中唱道：

　　星星在混乱的人群头顶闪耀，

　　袜带在粗汉鄙夫间缠绕。

　　人们买呀卖呀，瞧呀闹呀，

　　连犹太人和新教徒的吵嘴也被人喜闻乐道。

　　最高贵的夫人们也从四面八方来到，

　　天天坐车一溜烟奔忙，

　　为了股票不惜赌博冒险，

　　就算押上珠宝也心甘情愿。

牛顿也下海了 ▶▶▶

为了防止本公司的股票出现下跌，南海公司几乎是不断地煽风点火。他们派专人前往鄂雷交易所向人们传达"内部秘密"，据说，斯坦霍普伯爵为了扩大在南海地区的贸易额，同时也是出于增强安全性的考虑，西班牙人想用秘鲁沿岸的部分港口同英国交换直布罗陀和玛洪港。不止如此，南海公司那一年一艘货船的航运限额也将被取消，利润所得的 25% 也不用上交西班牙国王了。更可喜的是，南海公司还可以自行组建或租下任意数量的船队，而不必向外国统治者交纳任何费用。到 4 月 12 日，也就是上院通过议案之后的第

5 天. 南海公司董事会又发行了 100 万新股，票面价格 100 英镑，实际售价则为 300 英镑。此举吸引了社会各界纷纷抢购，首次认购总额就超过了 200 万镑。人们可以按照发售价格的 1／5 支付订金，然后分期付清总价款。几天之内，股票交易价格就上升到 340 镑，认购价格也相应提高了两倍。为了把交易价格抬得更高，4 月 21 日这一天，董事会又宣布，夏季中期发放的股息为 10％，所有的认购者都将享受到这一优惠。面对疯狂的购买者，董事会又趁热打铁，以比最初高出 4 倍的价格发行了 100 万份新股。但是投资者仍然着魔一般地纷纷购买，数小时内就将 150 万份认购单扫荡一空。

1720 年 7 月，也就是首次认购后的三个月，南海公司的股价达到 1050 英镑，涨幅高达 800％。手中还握有南海公司股票的首批买主其投资在三个月的时间里就翻了 8 番。就连别的股票也跟着上涨，只是没有南海公司的股票上涨得那么快。英格兰银行的股票从 1720 年 1 月的每股 150 英镑攀升至 6 月的每股 260 英镑。1720 年 7 月，南海公司又以 1000％ 的价格发行了 500 万股，投资者仍是趋之若鹜，其中包括半数以上的参众议员，就连国王乔治一世也禁不住诱惑，认购了价值 10 万英镑的股票。由于购买踊跃，股票供不应求，公司的股票价格狂飙。股票抢购狂潮席卷了英伦三岛，社会各阶层，包括军人和家庭妇女，都涌入了交易所的人流中。

在投机最疯狂的时候，就连伟大的科学家牛顿也加入了购买股票的队伍。

有趣的是，这股狂潮甚至使大名鼎鼎的科学家牛顿也成为股民。1720 年 1 月，当南海公司的股票涨到每股 128 英镑左右时。牛顿恰巧获得了一笔款子，加上他个人的一些积蓄。看到如此利好消息，他就在当年 4 月份投入约 7000 英镑购买了南海公司股票。很快，他的股票就涨起来了，仅仅两个月左右，比较谨慎的牛顿把这些股票卖掉后，竟然赚了 7000 英镑！但是刚刚卖掉股票，牛顿就后悔了，因为到了 7 月，股票价格达到了 1000 英镑，几乎增值了 8 倍。经过"认真"的考虑，牛顿决定加大投入，又购买了好几万英镑的南海股票。

南海公司的巨大成功鼓舞了无数投机者。为了抓住这千载难逢的良机，英国各地突然冒出数不清的股份公司。很快，这些公司就

南海泡沫期间的疯狂局面

为自己赢得了"泡沫"的"美誉"。老百姓们的这一想象力可真是再贴切不过了，大街小巷里充满了对"泡沫公司"评头论足的声音。在南海公司股票价格扶摇直上的示范效应下，英国所有股份公司的股票都成了投机对象。由于已经完全丧失了理智，人们根本就不在乎这些公司的经营范围、经营状况和发展前景，只相信发起人说他们的公司如何能获取巨大利润，而唯恐错过大捞一把的机会。

一时之间，许多真真假假的股票蜂拥而生，大搞投机炒卖，或者以招摇撞骗的手法招徕投资。如果放在平常，任何智力健全的人都能看出这些玩意儿纯属骗人，但在当时，再蹩脚的谎言也有人相信。这些方案，如果是公众还能有清醒判断的时候实施，可能还不至于那么差劲儿。比如有一家公司宣称，他们将制造一种新式的"帕克尔机关枪"，这种枪能发射圆形和方形的子弹，圆形子弹专打基督徒，方形子弹专打土耳其人。另一家公司则鼓吹，他们将生产一种能永远旋转的车轮。有一个狡猾的骗子，以轻松的口气发布了一份募股说明书，上面声称：自己设计的一个项目急需 50 万镑的资本金，每股面值 100 英镑，共 5000 股。认购者只要支付 2 英镑定金，每年就能得到每股 100 英镑的红利，但他要等到一个月后才会告诉投资者这是什么项目。第二天上午 9 点钟，此人设在康恩希尔大街办公室刚一开门营业，就被蜂拥而至的民众们团团包围。到下午 3 点钟交易所闭市时，他已成功卖出了至少 1000 股，净赚了 2000 英镑。当天晚上，这名骗子就逃之夭夭了。虽然类似的故事几乎每天都在发生，但失去理智的人们依然对这类公司追逐不休。

如梦方醒 ▶▶▶

　　但是在南海奇迹的掩盖下，局势仍在向前发展，而交易所里人们的投机热情已经高涨到了极点。当时伦敦的杂志上写道："这个星期里交易所达到了前所未有的混乱，人们争分夺秒地从一个咖啡馆来到另一个咖啡馆，从一个小酒馆来到另一个小酒馆，他们根本就不审查一下股票证券说明书就认购股票和在股票上签字。人们高呼着：天呀！让我们认购和签字吧，到底是什么已是无所谓的事了！这些泡沫公司的幕后操纵者也是这样就搜刮了大量钱财的。"总之，人们不分高低贵贱、男女老幼，都被这样的泡沫深深裹卷其中无力自拔。男人们在酒馆和咖啡馆里穿梭往来会见经纪人，女士们也聚在衣帽店和杂货铺里对股票走势发表高论。虽然大家并不见得是真心认同那些五花八门花里胡哨的项目计划，却都抱有相同的目的，那就是通过股票经纪人的投机炒作促使股价上涨，然后从中赚得丰厚的差价。令人深思的是，当时英国政府内许多居于领导地位的官员也深陷在投机交易的泥泞中，据说就连王储威尔斯王子也因一家不合法公司的老板而赚取 4 万至 6 万英镑。

　　《鲁滨逊漂流记》的作者、著名英国作家丹尼尔·笛福讽刺当时的英国人："满脑子投机钻营赚大钱，一些人私下里自组公司，不惜发行新股吹大牛，好用虚名引诱世人，先建立新的信用，再让股票贬值，让无中生有的股份变成了资本，为了金钱啊，人们聚在一起争吵无休。"同一时代的另一位英国作家斯威夫特则干脆把交易所集中的厄雷街比喻成南海的海湾，他精彩地写道："这里的认购单数以千计，像无数舢板在海面上你推我挤，每个人都摇着他漏水的小船，为了钓到金子也不怕淹死。一会儿被深深地埋进死亡，一会儿又飘飘然升到天堂，他们摇摇摆摆跟跟跄跄，浑浑噩噩就像醉鬼一样。这时在格拉维悬崖上倒是安全，一场野蛮的竞赛就要吞噬沉船，他们躺在那里静

英国著名作家笛福

　丹尼尔·笛福（1660~1731），英国作家。早年曾经商，办工厂，后办报刊出版政治读物并参与党派政治斗争，长年奔走于英格兰和苏格兰各地了解舆论情况，因文字两次获罪，年近花甲其小说创作才进入盛期，第一部小说《鲁宾逊漂流记》是代表作，也是英国近代小说的开山之作。除小说外，他还写有国内外旅行游记、人物传记及其他纪实性作品《聋哑仆人坎贝尔传》、《彼得大帝纪》、《新环球游记》、《不列颠全岛纪游》、《瘟疫年纪事》等，以及有关经商贸易的著作。

英国作家笛福，曾对当时的投机狂潮予以讽刺

候轮船沉没，要把死尸的衣物全部剥完。"据估算，在这场全民动员的荒唐游戏中，共有150万英镑被人设局骗走，许多人因此变得一贫如洗，而一些人则摇身一变成了暴发户。另据估计，在创建公司热的高潮时期，所有英国泡沫公司的总市值高达5亿英镑，而这个数字竟是整个欧洲货币流通量的约5倍！

尽管到此时为止，伦敦的各大交易所里满是拥挤的人潮，以至于同时同地同一种股票的成交价在交易所的两端竟会相差10%左右。不过，一些保持了理智的人士却更加冷静了。尤其是从一开始就反对南海计划的沃波尔议员，继续向人们发出警告，指出一场冒风雨即将来临。随着越来越多的高层人士转变立场，6月11日，政府宣布将严查所有的非法交易。一个月后，鉴于违法交易仍在继续，高等法院又于7月12日发布命令，宣布取消所有的专利权和特许状的申请请求，并解散所有的泡沫公司。不过虽然政府以严厉的措施取缔了这些泡沫公司，但英国各地的泡沫公司仍层出不穷。令大多数投资者欣慰的是，到8月份时，南海公司的股价最终飙升到1000英镑以上。但这也是它最后的辉煌了，因为股价随即便开始大幅回落了。

那些掌握内幕的南海公司董事们，自然提前一步预料到了泡沫的破灭，此时已着手悄悄转手股票。到9月份时，南海公

BUBBLE CARDS

当真相大白后，无数的受害者陷入了痛苦与绝望，图为当时的讽刺画。

司的股票已跌至 700 英镑了。当听闻大股东们的丑行后，公众顿时愤怒了，事态也变得异常严峻。9 月 8 日，为了尽可能地挽回公众的信心，南海公司董事会召开了一次股东大会。会议虽然通过了几项提案，公众却反响平平。当晚股价就跌到了 640 英镑，次日又跌到 540 英镑，此后的几天时间里一路跌个不停，最后下滑到 400 英镑的水平上。此时，为了避免受到股民的攻击，南海公司的董事们连街也不敢上了。

回头我们再关心一下牛顿爵士。随着南海股票一落千丈，到 12 月份最终跌为约 124 英镑，南海公司总资产严重缩水。既然许多投资人都血本无归，智慧超人的牛顿也未及脱身，亏了 2 万英镑！这笔钱对于牛顿无疑是一笔巨款，要知道，牛顿曾做过英格兰皇家造币厂的厂长，这个以高薪铸成的职位年薪也不过 2000 英镑。事后，牛顿感到自己枉为科学界名流，竟然测不准股市的走向，因而感慨地说："我能计算出天体运行的轨迹，却难以预料到人们的疯狂。"

为了重建公共信用，英格兰银行专门以 15% 的定金、3% 的保险费和 5% 的利息，认购了 300 万英镑南海公司的债券。尽管当局采取了一切手段尽可能地要维护股市平稳，可南海公可的股票还是急速地往下跌，甚至跌到了 135 英镑。虽然遭受如此沉重的打击，南海公司又继续存在了大约 100 年的时间。虽然由于处理及时果断，风波很快得以平息，但南海泡沫事件对英国经济的伤害却是长期的。

十

谁说皇帝不缺钱：
汉灵帝的"生意经"

话说在中国封建王朝，正所谓"普天之下，莫非王臣；率土之滨，莫非王土。"意思就是说，被尊为"天子"的皇帝在理论上是拥有世间一切的。只要是在他的势力范围之内，他对任何人都操有生杀予夺之权，而天下所有的珍宝他也可随意支配。因此只要是正常情况下，身为皇帝者，完全不应该为缺钱犯愁，更不必绞尽脑汁去想方设法赚钱，否则就太有失身份了。然而在中国历史上，还真有这样一位令人不可思议的皇帝。他不但自费在后宫建造了一条"商业街"，亲身体会了一把"下海"的感觉，还通过出售官职的方式大肆敛财。毫无疑问，让这样一位经济天才去当皇帝，实在是屈才了。

不可思议指数：★★★★☆

皇帝的"父母"是太监 ▶▶▶

公元 168 年，一个年仅 12 岁的孩子登上了东汉王朝皇帝的宝座，他就是著名的汉灵帝刘宏（156~189 年）。

对于刘宏而言，能够登上皇帝的宝座完全是一个意外的幸运。他原本只是解渎亭侯刘苌的儿子、汉章帝的玄孙，如果没有重大意外，无非就是一个小小的侯爷，平平淡淡地过完一生。然而幸福总是来得那么突然，公元 167 年，将东汉王朝折腾了多年的汉桓帝死去。巧合的是，由于这位皇帝没有儿子，他的窦皇后及其父亲窦武，决定在皇族中选一个继承人。最终他们看中了刘宏，因为刘宏的曾祖父是河间王刘开，父亲解渎亭侯刘苌与桓帝刘志是堂兄弟，刘宏是桓帝的亲堂侄。更重要的是，刘宏年纪小，当时还是个只有 12 岁的孩子。由于东汉末年外戚和宦官交替专权，因此掌控朝政者都愿意选立年幼的皇帝，而刘宏就是在这种情况下被推上皇位的。

刚刚登上皇位时，身为小孩的汉灵帝基本就是个摆设，而执政的依然是窦太后及其家族。不过就在这年九月，不甘心大权旁落的宦官集团发动宫廷政变，先挟持了汉灵帝和窦太后，然后又杀掉外戚集团和他们的支持者，从而掌控了朝廷大权。刚刚即位就遇到这般血雨腥风，汉灵帝一下就吓懵了。在见识了宦官的威力后，他从此心甘情愿地将大权交到宦官手中。他周围的张让、赵忠等十名宦官，都曾担任中常侍，封为列侯，号称"十常侍"。中常侍是宦官中权势最大的职位，按惯例是设 4 人，灵帝时却骤增至 12 人。他们不仅封侯受赏，连他们的父兄子弟也被派往各州郡做官。他们把持朝政，显贵无比，昏庸的汉灵帝甚至对人说："张常侍（张让）是我父，赵常侍（赵忠）是我母。"熹平四年（公元 175 年），汉灵帝又宣布："宦者可以为令。"这就意味着身处禁中的宦官们，

知识链接

汉桓帝

刘志，东汉第十位皇帝（132~167 年，146~167 年在位）。146 年，外戚梁冀毒死 9 岁的汉质帝，立 15 岁的刘志即位。刘志从小就对梁氏不满，他即位后，就想方设法地诛灭梁氏。159 年，汉桓帝联合宦官单超等 5 人一举歼灭了梁氏，5 人同日被封侯，称之为"五侯"。汉桓帝统治后期，一批太学生看到朝政败坏，便要求朝廷整肃宦官、改革政治，结果他下令逮捕请愿太学生 200 余人，后来在太傅陈蕃、将军窦武的反对下才释放太学生，但是禁锢终身，不许再做官，史称"党锢之祸"。

可以合法和直接地参与到由士大夫们组成的政府管理机构之中。一旦他们掌握了朝政，其统治之黑暗就可想而知了。广大劳动人民几乎无法生存下去了，纷纷走上反抗的道路，最后终于在中平元年（184年）爆发了全国范围的黄巾起义。

东汉画像砖

"经济天才" 的创意 ▶▶▶

不要以为受到宦官的压制，我们这位小皇帝就无所事事了。实际上，汉灵帝是一位非常有创意的皇帝，尤其是在做买卖方面。我们甚至可以假设，如果他有幸"穿越"到 21 世纪，一定是一把赚钱好手。也许是看够了宦官、外戚和所谓的"党人"之间的争斗，汉灵帝索性把一切都交给那些"爹妈"打理，自己乐得清闲，一心想着敛财玩乐。

汉灵帝既然把朝政交给了堪比"爹妈"的宦官十常侍，他自己就不再为这些事情烦心。但他此时还是一个少年，正是贪玩爱动的时候，也不会在后宫里天天睡觉，总要给自己找一些消遣的方式。说起来这位皇帝还很有经济头脑，他最喜欢的事情，就是做买卖。

皇帝对做买卖感兴趣，也与他的出身有关。他本是一个小小亭侯的儿子，属于落魄的皇族，要不是运气太好做了皇帝，也就相当于民间一个小地主。不过他虽然做了皇帝，却不忘本，依然保持着乡下小地主的作风。皇帝号称天下之主，富有四海，但在灵帝眼里，这些都太虚了，觉得这钱要攥在自己手里才行。这就引出了他那句著名的格言："百鱼在渊，不如一鱼在网"。于是外邦、各郡、各封国每次进贡，未纳入国库前，他就先行抽成据为私有，直接送进皇宫，还美其名曰"导行费"。这种行径，就连他身边的宦官吕强都看不过去了。写奏章委婉地劝他作为天子，当以天下为重，不要为贪几个小钱惹得百姓不安。灵帝还没看完就大怒不已，把奏章扔在地上，对他的"爹"张让大骂吕强可恨。"爹"自然顺着他，也把吕强大骂了一

东汉墓室壁画

顿。从此之后，汉灵帝继续我行我素，"导行费"照收不误。

汉灵帝大收"导行费"，给自己积攒了一笔丰厚的钱财，便在西园设置了一个小金库把这些钱存了起来。公元181年，东汉都城洛阳后宫也出现了一片商业街，和城市里的市场一样，店铺林立，游客如织，热闹非凡。所不同的这是经过汉灵帝的命令，用宫中的珠宝、绸缎以及各种什物充实起来的商店，买卖商品的，都是宫中的宫女。汉灵帝本人也穿上商人的衣服，大摇大摆地到酒馆里去饮酒，与那些所谓的顾客杂然并坐，嬉笑乱语。在酒馆过了瘾，汉灵帝就佯装醉了酒，摇摇晃晃到各家商店去购买东西，与店员们讨价还价，争得面红耳赤。有时情急之下，就将店员赶出，自己取而代之。这时，汉灵帝一改醉态，精神饱满，笑容可掬地在店铺里叫卖，怪活灵活现的。那些宫女明拿暗偷店铺里的货物，并互相勾心斗角。汉灵帝熟视无睹，并且以此为乐。

汉灵帝认为这种玩法还不够开心，又在四园游乐场与一班无赖子弟玩狗，并给狗带上进贤冠和绶带。东汉的进贤冠为文官所用，前高7寸，后高8寸，长8寸，给狗戴上文官的帽子，实际上是对当官的一种侮辱，而且当时有些官吏欺压百姓，无恶不作，简直像恶狗一样凶残，我们不知道汉灵帝这样做究竟有何用意。随后汉灵帝又用驴驾车，亲自操辔执鞭，驱驰于苑中。这件

▣ 东汉竹简

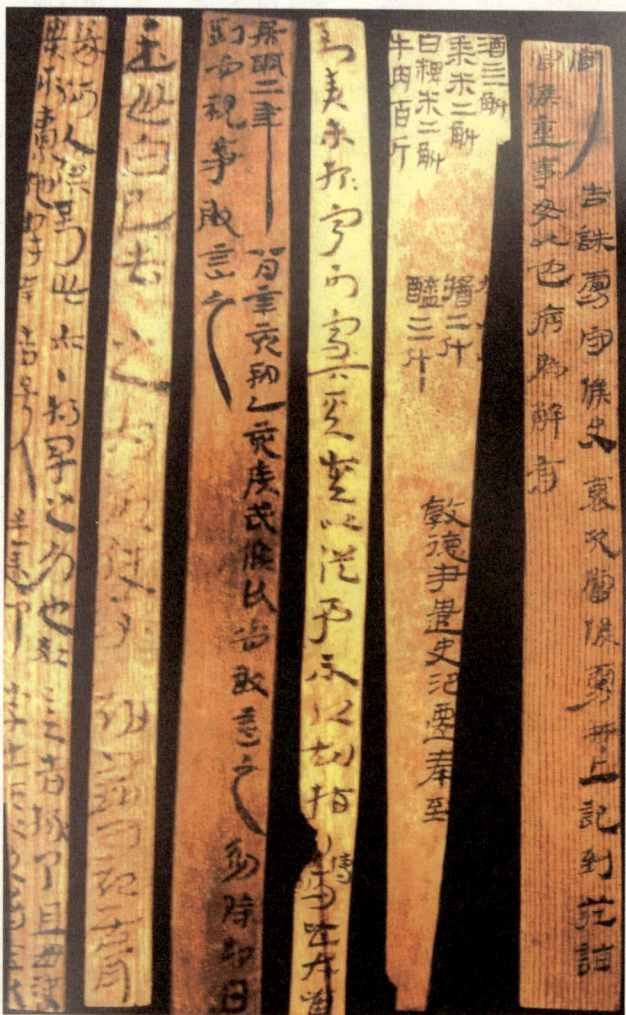

105

事被京城的百姓知道了，争相仿效，一时本来低廉的驴价骤然上涨，与马的价格相同。当时，驴是用来运输重物，为寻常百姓使用，帝王君子耻于使用。汉灵帝这一违反常规的做法，惊世骇俗，被正人君子视为不祥的征兆。

可笑的是，汉灵帝虽然很有商业头脑，但到底还是没有改变他小地主的本色：手里有钱当然好，但还是要有房有地才算踏实。于是，他搜刮来的大量钱财，除了开办"商业街"，还拿回河间老家去买田宅、起第观，进行地产投资。他还蛮有忧患意识，觉得有了这些家产，万一当不成皇帝时，还能回去作个土财主。不过他搜刮来的钱财实在太多，买田置地之外，还有不少剩余。聪明的汉灵帝当然深知不要把所有的钱都投在一个地方的道理，就把这些钱财寄放在深受他宠幸的宦官家中，为了保险，还没有只放一家，而是每家都存上个几千万。

东汉玉带扣

东汉扇形玉佩

皇帝的买卖越做越大，光靠区区"导行费"就不够了。于是汉灵帝开动他的经济头脑，想出各种各样搜刮的办法。他贴心的"爹妈"张让、赵忠也给他献计献策，叫他以修宫殿、铸铜人为名，加收田税，每亩多出十钱，如此自然聚敛到一批财富。但灵帝还不满足，又下令各州郡输送材木、文石到京城洛阳。让宦官掌握验收大权，检验时百般挑剔，判定不合格的，强迫各州郡以原价的十分之一贱卖，宦官随后又卖回给各州郡，赚取差价。州郡买了这些不合格的材木，运送到洛阳，宦官依然说不行。就这样反复操弄，运来的木材堆积如山，到后来都烂掉了。宫殿过了几年还没修成，灵帝却从其中大赚了一笔。至于各州郡吃了这场大亏，不免要把损失都转嫁到老百姓身上，他却不管了。

皇家"官帽批发公司"

不过，汉灵帝也渐渐发现，劳心费力地想这些敛钱之方，虽然有效，但也还是太过麻烦。自己既然做了皇帝，就要发挥一下皇帝这个资源的优势。终于，他发现了皇帝手中掌握着一种独一无二的热销产品，那就是官位。这个绝招还是他的母亲董太后给他提供的，董太后出身小家，本来就是一个嗜财如命的人物，忽然一夜之间飞黄腾达做了太后，这份贪欲就更是涨到了极点。灵帝的四处搜刮，买田置地就曾经得到过她的大力支持。现在看到宝贝儿子又一次为弄钱而发愁，与他同心同德的董太后自然也十分焦心。但是，田赋已经提高得差不多了，供奉之物又早就进了汉灵帝的私囊，再找生财之路可不那么容易了。这时，董太后得知前代有过卖

■ 东汉玉环

邓太后

即 邓绥（81～121），东汉和帝皇后，南阳新野（今河南新野）人。和帝死后，她先后迎立殇帝、安帝，临朝执政近二十年，其兄居要职，掌握大权。执政期间，崇尚宽简，不事奢华，兼用外戚、宦官。当她121年去世后，安帝与宦官李闰合谋，诛灭邓氏。

▨东汉玉枕

官的事情，顿时感到这是一股巨大的潜在财源，立刻喜上眉梢，报告给了儿子。汉灵帝听了母亲一席话，也是立刻喜上眉梢——这可是全国独一无二的商品，不免后悔自己这几年白白浪费了手中的大好资源。具有商业头脑的汉灵帝马上下诏，在上林苑设置了卖官的机构，公开卖官。

东汉的卖官生意原本开创于邓太后执掌朝政时，不过人家那时候只是迫不得已的情况下才偶尔为之，其目的也确是为了充实国库，即所谓"佐国之急用"而已。而汉灵帝则是明码标价，公开卖官。他最初定下的价格是：年俸二千石的官位标价是二千万钱，年俸四百石的官位标价是四百万钱，依此类推，即官位的价格是官吏年收入的一万倍。除了皇帝的位子不卖之外，上至三公，下到县令，统统可以拿钱买到。即使是国家选拔的特殊人才，也要交一半或三分之一的费用。如果是肥缺或者重要职位，就得另外加钱。当然，这么直接地说拿钱买官毕竟有点不太好听，于是对卖官所得的钱，就起了一个专门的名字叫"礼钱"，而对于买方卖方，就都没有什么不好意思的了。

比如有两位叫段颎、张温的大臣，虽然功劳很大，声望也很高，却也都是先交足了钱，才登上公位的。随着买卖越做越顺手，价格也有所调整：地方官比朝官价格高一倍，县官则因各县贫富不等而价格不一；求官的人可以估价投标，谁出价最高谁就可中标上任；除固定的价格外，还根据求官人的身价和拥有的财产随时增减。

崔烈出身于北方的名门望族，历任郡守及朝廷卿职。中平二年（185年）三月，崔烈想当司徒，便通过关系，花了五百万钱买了个价值一千万的司徒。宫廷为他举行隆重的封拜仪式那天，灵帝也亲临殿前。看着崔烈一副春风得意的样子，灵帝忍不住以惋惜的口气对随从亲信说："哎呀，我真应该再稍吝惜一下，这个职位原本可以卖到1000万的，结果500万就给卖了，太便宜崔烈了！（史书中的原文为'悔不少靳，可至千万！'）"——其贪婪的嘴脸暴露无遗。事后，崔烈的儿子对他说："大人实在不该买这个三公，外面议论纷纷，都嫌这官有铜臭味。""铜臭"这个典故就是从这儿产生的。

后来，灵帝又规定官吏的调迁、晋升或新官上任都必须支付三分之一或四分之一的官位标价，也就是说，官员上任要先支付相当他25年以上的合法收入。这么一来，许多官吏都因无法交纳如此高额的"做官费"而吓得弃官而走。没人当官，汉灵帝的买卖一时陷入困境。威力刺激消费，拉动内需，这位皇帝又以少见的气魄流氓了一把，居然打着朝廷的名义强迫被他看中的人做官，否则就是敢抗旨不遵。当然，虽然有政府的照顾，买官钱还是要掏的。司马直是当时著名的清官，皇帝因而特别照顾，只收他三百万钱，派他

东汉玛瑙剑彘

作巨鹿郡太守。司马直很不情愿，想以请假为名不去上任，却得不到批准，无奈只好勉强答应。可就在上任的路上，实在想不通的司马直给皇帝上了一份抨击时弊的折子后，愤而服毒自杀。

汉灵帝公开卖官从光和元年（178 年）一直持续到中平六年（184 年），所得钱款都流入了灵帝自己的腰包。所谓"上行下效"，当皇帝的都如此贪财，那些用钱买来的官当然更是变本加厉地搜刮、盘剥百姓，弄得是哀鸿遍野，民不聊生。没过多久，东汉王朝就迅速走向灭亡了。这也许是汉灵帝当初始料未及的，或者他根本就没把什么江山社稷当回事。

东汉麻布纹四系罐

神奇的胡椒：
香料贸易背后的神话

你知道哥伦布、达·伽马这些欧洲早期的殖民者开辟新航路的主要目的是什么吗？是香料和黄金！香料摆在了和黄金同等重要的位置，甚至比黄金还要重要。没有黄金尚可生存，没有香料，欧洲人可一天也过不下去。而香料中尤以胡椒最为抢手。为了一袋胡椒，冒险者不惜互相残杀，赴汤蹈火，将生命置之度外。小小的胡椒究竟蕴藏着何等的魔力和价值，能令400多年前的欧洲人如此为之着迷，并甘受起驱使呢？

不可思议指数：★★★★★

要胡椒不要命 ▶▶▶

"大约在英王詹姆斯一世的时代，荷兰和英国冒险者对胡椒的特殊兴趣，就像爱情的烈火一样在胸中燃烧。为了把胡椒弄到手，他们还有什么地方不愿去呢！他们会为了一袋胡椒互相残杀，甚至不惜抛弃自己一向珍爱的灵魂。这种强烈的占有欲使他们甘愿赴汤蹈火，将种种生命危险置之度外——陌生的海洋，种种怪疾，伤痛，监禁，饥饿，瘟疫以及绝望……他们宁愿把自己的白骨留在遥远的海洋，只要能让财富流入国内活人的手中。"这段多少有些夸张的文字，虽然听起来有些夸张，但却是后人对一段特殊历史的真实描述。你肯定会疑惑，胡椒，我们都知道，它不就是一种再普通不过的调味品吗？怎么会在那个年代掀起如此大的波澜？但是如果翻开历史，我们就会发现，仅仅在400年前，小小的胡椒居然拥有如此奇特的魔力和令人难以置信的价值。

一切，都还得从很久以前的欧洲说起。

那时，欧洲由于气候条件的制约，许多牲畜不能度过严冬，因此人们在入冬之前必须把大量牲畜宰杀，将其腌制入库。经过腌制后的肉类味道比较难以接受，因此需要香料进行加工。除此以外，

古罗马风情图

欧洲的捕鱼业发展迅速，鱼肉产量大增，但鱼肉的保存比牲畜更难。同时，鱼的腥味也要通过香料驱除，因此香料在欧洲有了比较大的需求。但是，欧洲大陆并不出产胡椒、大料等香料，这些东西据说都在遥远的东方。可以想象，在当时交通和贸易极端落后的条件下，要想获得这些香料得付出多大的代价。也正因为欧洲对香料的需求量巨大，因此经营香料会带来丰厚的利润。

早在罗马时期，那些权贵富豪们便

不惜血本获取香料。经过多年努力，他们得知胡椒产于印度，并学会了利用季风航行于红海港口与印度马拉巴尔海岸，从而开辟了这条古老的香料贸易线。古代印度史料就曾记载道：罗马商人"来时带着金子，走时带着胡椒，整个莫西里城响彻着买卖的喧嚣声"。由于上层社会的推动，一时之间，胡椒等香料身价倍增，有时居然与黄金等价。据说公元408年西哥德人（古日耳曼人的一支）占领了罗马城后，其首领阿拉里克提出的赎金就包括5000磅黄金、30000磅白银、4000套丝绸长袍和3000磅胡椒。从中就可以看出，胡椒在那个年代有多么神圣的地位。

今天的人类在食物加工方面已达到了登峰造极的地步，人们对于胡椒等香料早已司空见惯，可是在17世纪之前，它们却是财富的象征。

到中世纪以后，胡椒继续在欧洲社会生活中扮演者重要角色。在当时，胡椒甚至成了一个人社会地位的标志。"他没有胡椒"这句话，在欧洲中世纪常用来形容一个无足轻重的小人物，胡椒可以用作妇女的嫁妆、租税，还可以用作对士兵的报酬和奖赏。可以说，人们不仅在烹饪中使用香料，还把它们当作如珠宝般贵重的赠礼，或者适于收藏的珍品。香料浓郁的味道、充满异国风情的来历和异常昂贵的价格使人们将它们与天堂联系在了一起。胡椒、肉桂和肉豆蔻象征着统治阶级的身份，它们向世人展示统治者的权力，然后被统治者果入腹中。招待客人时，餐盘中撒着的胡椒越多，来宾们对宴会主人的敬意就越高。在欧洲历史的漫漫长河中，香料的重要性在14、15世纪到达了顶峰。也是在那段时期，因为其种类众多、使用频繁以及用量较大，香料在烹饪中的作用比在其他时期表现得更为突出。

需要特别指出的是，虽然当时欧洲人所说的香料并非胡椒一种，但是胡椒的进口量占所有进口香料总量的一半以上。没有任何一种其他的香料价值可以超过胡椒的十分之一。为什么人们如此钟爱胡椒呢？历史学家是这样解释的："在当时，欧洲人保存食物最常使用的方法是盐渍，而除胡椒以外，没有别的香料可以与以大量食盐腌制的肉类相搭配。盐和胡椒是肉食性的人类与饥饿抗争的利器，特别是于航海之中或者在庄稼歉收的饥荒之年。"

正所谓"天下熙熙，皆为利来；天下攘攘，皆为利往"。除了罗马人主动寻找香料外，东方商人也很早就抓住这一商机赚钱了。公元9世纪，阿拉伯世界与印度之间就存在香料贸易。位于印度马拉巴尔海岸的香料港口，香料贸易非常火爆，中国、印度等国就通过陆路和水路，把香料出口到阿拉伯国家。交易的香料品种有：小豆蔻、生姜、姜黄、胡椒、芝麻和孜然芹果。船队还运送许多栽种在盆里的预防坏血病的生姜。阿拉伯商人充当了香料行业的进口商和出口商，除了自己出产的乳香外，也从其他地方购买香料，比如从斯里兰卡购买肉桂，从东印度群岛购买肉豆蔻和丁香，从东非购买没药。香料的贸易路线长而险峻——从加尔各答出发，由骆驼商队驮运；或者由海路从位于印度洋的波斯湾出发经马六甲进入太平洋至地中海地区——从那儿可以进入欧洲。

而在欧洲，中世纪的香料贸易主要掌控在意大利商人尤其是威尼斯商人手中。在地理大发现之前，威尼斯共和国是参与香料贸易的主要城市国家。11世纪，威尼斯制造的船舰载着东征的十字军

■ 中世纪的威尼斯

抵达了圣地巴勒斯坦，返航时，这些船只装载了于亚历山大港购买的大量胡椒及其他香料。其中，光一只从亚历山大港归来的大型威尼斯船就可以带回价值 20 万杜卡特（1 杜卡特大致等于 5 弗罗林）的香料，而威尼斯香料贸易一年的总额估计可达上百万杜卡特。1453 年以后，由于奥斯曼土耳其人控制了东西方陆路贸易的要塞——君士坦丁堡，加上阿拉伯人对非洲商路的控制，西欧各国要想获得香料就更加依赖威尼斯商人了。威尼斯商人在他们贸易的大本营——君士坦丁堡向东方来的商人购买豆蔻、丁香、胡椒、肉桂等，然后经由海路运到地中海西岸；在转售的过程中谋取惊人的暴利。在远东的香料群岛，当地人先采集香料并由阿拉伯商人买下，用独木舟运到马六甲，然后沿印度西海岸运到霍尔木兹或者亚丁湾，再由埃及的驼队穿越沙漠，运到尼罗河口，最后才由威尼斯商人运过地中海。结果由于层层倒手，在最后到达顾客手里之前，香料的价格已翻了无数翻。据说在印度花不到 3 杜卡特的胡椒，在开罗要涨到 68 杜卡特，而到了威尼斯，已经是印度的 50 倍了。尽管人们知道，实际上威尼斯和阿拉伯商人之间一定存在秘密的贸易协定，使得香料的价格居高不下，但也无可奈何。眼看威尼斯人因此聚敛了大量的财富，西欧各国终于决定打破这种垄断了。

舌头推动了地理大发现

进入 15 世纪以后，西欧人对香料财富的追求，又受到意大利人马可·波罗的忽悠。12 世纪初，年轻的马可·波罗从威尼斯出发进入地中海，然后横渡黑海，经过两河流域来到中东古城巴格达，从这里到波斯湾的出海口霍尔木兹，因没遇上去中国的船只，故从霍尔木兹向东，经过伊朗沙漠和帕米尔高原，一路上跋山涉水，最终抵达神秘的中国。25 年后，当他返回时，从中国元朝皇帝忽必烈那里带回了多得惊人的财宝，当然也带回了香料。于是便有了马可·波罗口述、鲁思梯谦记录的《马可·波罗游记》。后来，正是这本书在欧洲广泛流传，激起了欧洲人对东方文明与财富的倾慕。当时通往东方的重要商路有三条：一是北线，经小亚细亚、黑海、里海至中亚细亚；二是中线，从地中海东岸经两河流域至波斯湾，再从海路到东方各地；三是

■ 身穿鞑靼服饰的马可·波罗

南线，经埃及的亚历山大港到红海，再从海路到东方。中线和南线因交通运输便利，一直占据贸易的主导地位，而把持这两条贸易线的阿拉伯人因垄断地位获得巨额的财富。但是由于1453年后土耳其人攻占了君士坦丁堡，使得欧洲人再也不能像他们的前辈那样通过波斯湾前往印度及中国，再也不能直接通过这个港口来获得他们日益依赖且需求量巨大的香料了。

欧洲人知道，必须找到一条新的贸易路线，直接前往印度、中国和香料群岛等地，直接与当地人进行香料，丝绸等商品交易。另一方面，由于当时欧洲的商品对于中国、印度而言毫无吸引力，导致欧洲人只好用大量的金银来换取香料和丝绸。长期的入不敷出，导致欧洲人对于获取金、银、宝石或者直接获取香料等资源显得十分感兴趣。由此，远东那些传说中的富庶之地，便成了欧洲人猎取与互相争夺的目标。

不过，要从海上抵达香料群岛，欧洲人自己心里并没有底。毕竟多年以来，太平洋西岸和大西洋东岸很少有过直接的交往。他们对彼此的认识也大多是通过陆上的丝绸之路相互了解。这样漫长的距离，加上通行这段道路所需要的时间，也在东西方之间造成了许多误会。当时，虽然欧洲人已经知道了印度与中国的存在，但是真正到过那里的却很少。13世纪末，马可·波罗与他的游记在欧洲掀起了对东方向往的狂潮。马可·波罗笔下的中国、东亚甚至整个亚洲，无疑是一个拥有空前繁荣的文化、遍地黄金、香料发达而强盛的区域。但实际上，其中的许多夸张成分，欧洲人自己并不知道。到15世纪末期，以哥伦布等人为代表的冒险家，率先踏上茫茫航程，为了诱人的财富梦想，义无反顾地向神秘的东方进发。

怀着这个梦想，意大利人哥伦布于1492年8月出发了。深受《马可·波罗游记》影响的他，最大的梦想就是找到传说中的印度和中国，因为他相信那里遍地都是香料与黄金。出发时，他带着西班牙国王给印度君主和中国皇帝的国书，率领3艘百十来吨的帆船，一路向西寻找"出产香料的印度群岛"。经过70个昼夜的艰苦航行，他终于发现了陆地。尽管后来的事实证明，哥伦布找到的所谓"印度"，其实是一块新大陆，即美洲，但这一发现仍极大鼓舞了他的同行们。

1497年7月，葡萄牙人瓦斯科·达·伽马（Vasco da Gama）率领船队里斯本出发，开始了他们开辟印度航线的最后冲刺。船队先绕过佛得角群岛，然后向西往大西洋航行，等待顺风的来临。3个月后，船队返回非洲海岸，在离好望角不到200公里的地方，达·伽马用5个月的时间考察了非洲的南端，并且与当地的霍都屯部落居民进行了贸易，然后烧掉储备船，加速前进。在好望角，达·伽马越过葡萄牙航海家迪亚士（Bartholmeu Dias）立下的守护神标志，进入了欧洲人从未到过的海洋。在这片变化莫测的海域中，他一口气行进了1500公里。直到他看见东

知识链接

航海家迪亚士

迪亚士（Bartholmeu Dias，约1450~1500年），葡萄牙著名航海家，于1488年最早探险至非洲最南端好望角的莫塞尔湾，为后来另一位葡萄牙航海探险家瓦斯科·达·伽马开辟通往印度的新航线奠定了坚实的基础。

痴迷于香料与黄金的哥伦布踏上美洲大陆

■ 航海家达·伽马

非的索法拉港和莫桑比克，他才真正意识到船队已经绕过了非洲之角进入印度洋。在肯尼亚海岸的商业重镇马林迪，达·伽马遇到了一位友好的苏丹，后者为他派了一位著名的航海家伊本·马吉德。在这位经验丰富的航海家的帮助下，达·伽马只用了1个多月就走完了4000公里的行程，穿越了印度洋。1498年5月中旬，葡萄牙人终于在卡利卡特港登陆，这也是第一支抵达印度的欧洲商船队。1499年9月，达·伽马返回里斯本。虽然出发的170人中只有54人生还，但船队所带回的货物价值竟相当于整个远征队费用的60倍！于是葡萄牙沸腾了，整个欧洲目瞪口呆，各国的君主们则只能眼红地注视着葡萄牙国王。曼努艾尔国王在给予达·伽马崇高荣誉的同时，还不忘并自封为"西洋之王、非洲之王、几内亚之主，埃塞俄比亚、阿拉伯亚、波斯和印度的征服者、航海和贸易之主"。至此，威尼斯人对地中海香料贸易数百年的垄断终于被打破了，而香料贸易的中心也随之转移到了葡萄牙的里斯本。与此同时，眼看如此大的一块肥肉竟被葡萄牙这样一个弹丸之国吃到了嘴里，西欧的邻居们也纷纷眼红了。于是，一场旷日持久的香料贸易战便相继而来。

■ 传说中的香料群岛

大国崛起的 "钥匙" ▶▶▶

在那个时代，要想发财就得先下手为强。当达·伽马第一次到达印度的时候，很快就发现，当时的葡萄牙乃至欧洲根本就生产不出东方感兴趣的东西。据说一件在葡萄牙能卖 300 里尔的欧洲衬衫，在印度只值 30 里尔。有关这一点，印度人说得更明确。在达·伽马离开印度时，卡利卡特国王曾请他转交一封给葡萄牙国王的信，信中说："我国盛产肉桂、生姜、胡椒和宝石。我请求您用来交换这些东西的是黄金、白银、珊瑚和鲜红的布。"为了控制海上交通线，进而垄断香料贸易，葡萄牙人通过武力实现了这一梦想。那一段时间，葡萄牙人的船队到达印度后，卸下装载的欧洲货物，然后装上本国商行预先收购好的香料。据说：最初装船时每 51 公斤胡椒的价格为 3 个克鲁扎多，到达里斯本以后价值就达到 17 个克鲁扎多，而由贸易公司批发出售的价格达到了 33 个克鲁扎多。在鼎盛时期，葡萄牙每年的香料进口达到 200 万公斤，确实一度为这个小国家带来了滚滚财源。

葡萄牙的第一个竞争对手是他们的邻居西班牙。由于在开辟新航路方面几乎并驾齐驱，这两个国家都采用了多种手段来干涉相互间的香料贸易，最终甚至惊动了罗马教皇，后者专门为他们划分了势力范围。紧接着，刚刚崛起的英国也来凑热闹。特别是在 1588 年击败西班牙的无敌舰队后，伦敦一度成为世界香料贸易的中心。最后，当年号称 "海上马车夫" 的荷兰又千方百计掌控香料贸易，成功建立起一个世界性的商业帝国。

当时，为了保住嘴里的肥肉，西班牙和葡萄牙自然不会轻易给荷兰这个小弟弟让路。因此，他们千方百计保守有关香料贸易的秘密，有时甚至不惜诉诸武力。1504 年，葡萄牙国王曼努埃尔一世颁布法令，严禁地图中包含有关刚果航线的任何说明，凡是泄露这

📷 16 世纪行驶在地中海的荷兰商船

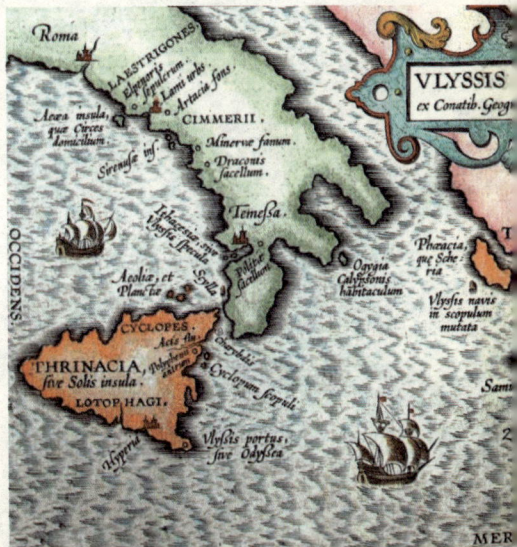

类情报的早期地图均被销毁或篡改。但世上没有不透风的墙，葡萄牙人的航海秘密资料还是泄露出去了。1595年，由霍特曼率领的第一支荷兰船队经好望角到印度，第二年到达印尼爪哇岛的万丹，1597年返回荷兰，虽然原先去的航行人员289人中只有89人返回，然而荷兰人仍获得巨大的利润。1598年，荷兰又派八艘船前往印尼，由范尼克率领的第二支远征队中的四艘船采购四船胡椒回国，净得400％的利润，另外四艘船到摩鹿加群岛，并于班达岛、安汶岛设商馆，然后运回大批豆蔻、丁香，也获得高额利润。受此鼓舞，于是荷兰人纷纷组织许多小公司，涌入东方海域，仅1598年中远航东方的船队不少于5队，有22艘商船。荷兰人到东方一开

荷兰东印度公司繁忙的货运码头

始就胜过葡萄牙人。因为荷兰人有他们的三桅帆船，能减少运输费用，还有优于葡萄牙人的物美价廉的工业品。1602 年，经议会批准，在爪哇岛的万丹，荷兰各种私营贸易公司合并为一家大的垄断公司——荷兰东印度公司，集资 6520000 荷兰盾。

荷兰议会组建东印度公司就是为了在进行香料贸易中集中力量，因此东印度公司的利润主要来自香料。1632 年 7 艘船从印度归来，成本总计 200 万盾，而销售收入为 1000 万盾。1661 年香料船队耗费成本 200 万盾，销售收入大约是 400 多万盾。利润最高时，在印度以每磅 30 分收购的香料，在荷兰市场上可以以 4 盾的价格出售，利润率为 1200％！ 17 世纪东印度公司殖民地每年的香料平均产量是：肉豆蔻 30 万磅；肉豆蔻干皮 10 万磅；丁香 30 万磅。从上述利润率即可算出，公司从香料贸易中所获利润是何等丰厚！为了监督香料的生产和出口，以便保持香料的垄断价格，攫取

为了争夺香料贸易带来的财富，西欧各个国家展开了激烈的拼杀。

超额利润，荷兰"东印度公司"只许在安汶岛种植丁香，在班达岛种植豆蔻，其他岛屿上的丁香树和豆蔻树一律砍光。为此，荷兰殖民当局每年派遣船队四处巡游，砍伐那些当地人民不顾禁令种植的丁香树和豆蔻树。后来荷兰又控制了万丹等地胡椒的种植。在那些种植香料的地区，农民必须按照荷兰"东印度公司"规定的极低价格，把香料卖给公司的货栈。到17世纪中期，荷兰在航海业和世界贸易方面达到极盛时期，取代西班牙成为世界商业霸主。

对于今天的人而言，历史往往就这样不可思议。小小的胡椒竟能令整个世界为之颠倒。

■ 小小的胡椒竟能令整个世界为之颠倒，历史往往就这样不可思议。

兜售赎罪券：教皇也玩空手道

在历史上，自公元 3 世纪确立在欧洲的特殊地位以来，罗马教会曾多次上演不光彩的闹剧，例如十字军东征、宗教裁判所等，都严重损害了天主教的威望。而更不可思议的是，曾经有那么一段时期，中世纪的欧洲教会，就好像一个做买卖的公司一样，公然销售上帝的恩惠。只要你拿钱购买所谓的"赎罪券"，你和你的亲人，无论活着的还是死去的，哪怕有再大的罪恶，也会变得心安理得。当然，这些金钱也将教皇和主教、神父们养得满嘴流油。

不可思议指数：★★★★☆

基督教也有"香火钱" ▶▶▶

在中世纪时，身为基督教最高首脑的罗马教皇享有至高无上的权威，就连欧洲大大小小的王侯都得向他俯首称臣。按照基督教的教义，神职人员原本是应该虔心向主，安心苦修，生活上更应该简单再简单。不过随着时代的推移，这些在信徒眼中享有特殊地位的人逐渐腐化了、堕落了。他们再也不关心什么灵魂的救赎了，反而对身外之物产生了强烈的兴趣。为了追求财富，上帝的教诲已被抛到九霄云外了。至于神职人员中的最高领袖——教皇，所需要的花费自然更大。而一旦正常渠道来的收入不够，他就会想别的方法来挣钱。到中世纪后期，教皇的敛财活动可谓五花八门。光税收方面，就包括：对全体基督教徒征收的什一税；教皇国的赋税；经教皇任命或批准的主教和修道院长付出的"献礼"钱；每个接受教皇训令的人交纳的手续费；各主教按规定每隔一段时间来教廷参观时交的晋见费；每个当上大主教的人交的任命费等。13世纪，也就是十字军东征期间，教皇英诺森三世（Pope Innocent III）为支持远征又征收了一些新税。

令人不可思议的是，在那个教会最腐败的年代，所有的神职都可以出卖，而卖价通常是该教职10年的总收入。所以只要你能出得起价钱，教皇才不管你的品德和才学呢。为了增加这笔收入，历任教皇都不断增加圣职数量。1471年以前，教廷出售650个职位，后来竟增加到3000多个职位。仅通过这一项业务，教皇每年都能收获一笔巨额收入。1294—1303年间在位的卜尼法斯八世（Boniface VIII Pope）突发奇想，提出个所谓的"赎罪法"，规定信徒只要按教廷指定一年内到罗马朝圣，给教会各种圣礼和仪式交纳相当款项，则各种罪均将被赦免；如果因老弱病残无法亲自前

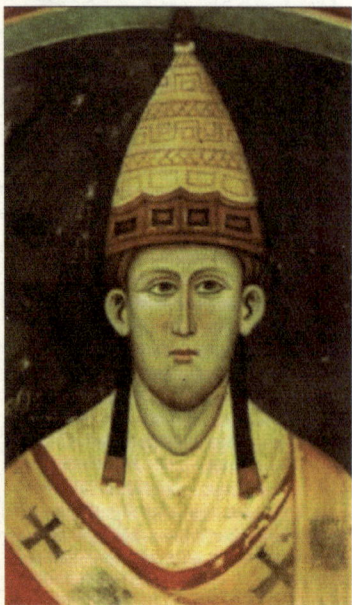

※ 教皇英诺森三世

往，只要交纳相当于去罗马所需之费用，也能获得同样的功效。这一招儿还真灵。1300年，当卜尼法斯八世举行首次"圣年"活动时，据说朝圣者奉献的钱财堆积如土丘，两个工作人员只好用耙子来收集。这个始料未及的收获，为以后许多教皇所效法。

在教会的历史上，擅长此道的教皇可谓层出不穷。例如约翰二十二世就是一位聚敛高手，据保守估计，他在位18年间，前后竟搜刮了450万金币的财富。另一位教皇克雷门六世（Clement VI）在位11年，也搜刮了近200万金币，而他手下二十几名红衣主教每年剥削收入的总和也接近这个数目，远远超过当时欧洲世俗君主的剥削收入。有了如此巨额的财富，教皇们的日子可就滋润多了。据记载，教皇克雷门五世（Clement V）举行的一次宴会就花费了1.5万金币，而约翰二十二世（Pope John XXII）每年仅衣装费便花去1.25万金币。要知道，当时教廷雇用的普通工人每年的工资仅有为20个金币。

即便如此，由于花费越来越大，教皇仍感觉到入不敷出。情急之下，他们想到了最后一招儿：通过教会拥有的精神特权来敛财，而其方式就是出售赎罪券。

说起来，基督教贩卖赎罪券，是中世纪欧洲特有的现象。赎罪券（indulgence）一词来自拉丁文，原意是"仁慈"或"宽免"，后被引申为免除赋税或债务。根据基督教的教义，人生而有罪，而作为耶稣基督门徒的继承人，

教皇卜尼法斯八世

教皇约翰二十二世

教士具有赦罪的功能。后来随着野心的膨胀，罗马教廷又宣称，耶稣以及后来殉教的圣徒的血，用以赎免人类的罪孽绰绰有余，积累下来形成"圣公善库"，可以由圣彼得的接班人——也就是罗马教皇代表的天主教会来执掌，代表上帝来赎特定人物的罪孽，开启从炼狱到天堂的大门。曾经有一度，为了表彰那些为宗教事业做出巨大贡献的人士，教会曾慷慨地运用过这种特权，赦免他们乃至他们祖先，让那些灵魂顺利升入天堂。

不过午餐不能总是免费，这么宝贵的资源不能继续浪费下去，看到商机无限的教皇索性宣布，凡是不能前往罗马朝圣的人，都可以支付相应的费用来获得救赎，并发行代表已经朝圣的文书，而这种文书就被称为"赎罪券"。

教皇发行的彩票 ▶▶▶▶

1313年，为了在短期内聚敛钱财，教皇克雷门五世第一次公开发行赎罪券。在尝到甜头后，教皇和他的手下们大喜过望，就如同发现了聚宝盆一样兴奋。此后，每当手头发紧的时候，教皇就发行赎罪券。刚开始时，可能觉得打着上帝的幌子赚钱还有些不好意思，所以教廷决定每100年发行一次赎罪券。但没过多久，由于经济上的压力，到了1400年，教皇又决定改为每50年发行一次赎罪券。没想到一发不可收拾，就像喝盐水一样，他们越喝越渴。到了1450年，又决定每25年发行一次。1501年，教皇又"慷慨"地宣布将于1506年发行赎罪券。可能是应广大信徒的要求，到了1506年后，几乎每年都发行赎罪券，甚至可以随时用钱买得到。在经营这项买卖的过程中，许多教皇还显示出了他们非凡的商业天才。例如著名的约翰二十二世，甚至列了一张价格表，对各种罪行赎免明码标价。为了增加销量，教廷还打出了诱人的广告，声称任何人只要买了赎罪券，哪怕你杀人如麻、十恶不赦，由于上帝的仁慈，生前的所有罪孽都可一笔勾销，死后可荣升天堂。

15世纪英国伟大的作家乔叟（Geoffrey Chaucer，约1343~1400年），就在其名著《坎特伯雷故事集》（The Canterbury Tales）中对赎罪券表示了强烈的不满。书中写道，有一位去坎特伯雷大教堂（Canterbury Cathedral）朝圣的"赦罪僧"，他本人是修道士，但却打扮奇形怪状，丝毫不像出家人的样子；他行囊里"装满了才从罗马带回的赎罪券"，自称"我这个口袋中的圣物和赎罪券，是教皇亲手

中世纪的一张赎罪券

英国文学家乔叟，对教会兜售赎罪券的行为进行了讽刺

交给我的"，他带着这些宝贝，"在乡间碰到穷牧师，就施展起他的伎俩，一日之间，他所搜集的钱币，可以超过那穷牧师两个月的所得"。更过分的是，这名赦罪僧在开讲他的故事之前，竟大言不惭地宣扬自己的骗术，还介绍自己平时欺骗敛财的伎俩，吹嘘自己携带的"宝物"可以医治百病，以及说教痛斥贪杀罪恶，逼迫信徒拿出钱来。

值得一提的是，在推销赎罪券的过程中，教皇的手下们还显示出了在商业方面的智慧，如果放到现在，不让他们去从事广告创意真是浪费人才了。比如一位名叫约翰的德国修士就发明了这样一条著名的广告语："（买赎罪券的）钱币往箱内丢的声音一响起，就有灵魂从炼狱里跳出！"当时还有一个流传甚广的笑话：有一

《坎特伯雷故事集》插画

名推销员对顾客说"你投下银钱，现在我看见你父亲的左腿已经迈出炼狱的火焰，只剩右腿还在火里面，再继续加钱吧！"不料后者却冷静地说"不必了，我父亲并没有右腿！"让我们想象一下这样的场面吧。为了完成上司摊派的任务，在市场上摆摊的修士们声嘶力竭地喊道："赎罪券是神最尊贵的礼物。……我要给你们盖印的证书，甚至你想要犯的罪，也能得赦。没有什么罪能大过赎罪券所能赎的；连得罪圣母玛利亚的罪，也可得赦。只要你肯出钱，出相当数目的钱，一切都能赦免。……你在一日内犯了多少致命罪！……唉！这些罪简直无数，引起无限炼狱之火。现在靠着这些赎罪券，你可以此生一劳永逸着得全部赦免，脱去所有刑罚。只有四种罪留给教皇裁决，其余一概可以宽免。赎罪券不只在活人身上有效！在死人身上也有效。因此，不需忏悔……钱在箱底嘎嘎作声之时，灵魂逃出地狱，飞入天堂。……主！我们的神，不再统治，将一切权柄都交与教皇。"

如此不可思议的场面，在中世纪几乎变成了家常便饭。

罗马教皇的污点 》》》

虽然一些有识之士对于兜售赎罪券的行为表示了强烈的不满，但是中世纪欧洲的普通民众却由于文化程度低，往往对教皇敬若神明，所以在购买赎罪券时可谓乐此不疲。因此在巨大市场的鼓舞下，教皇们不断加快出售赎罪券的步伐。1476年，教皇西克斯图斯四世（Sixtus IV）宣布，虽然我们这个世界有许多恶棍，他们生前行为不端，按照常理本应在死后打入地狱受难。不过上帝是仁慈的，只要他们的亲属购买了赎罪券，地狱里的负责人自然会减轻其痛苦的。在这种好事的诱惑下，赎罪券从此大为流行。1450年

大肆兜售赎罪券的罗马教会

左右，随着欧洲印刷术的迅速普及，赎罪券的销售事业更加火爆。由于可以大量印刷，而不必像以前那样吃力地一张一张抄写，因此教会便可以进一步扩大再生产了，最终实现市场化营销。

到了这个地步，赎罪券销售的生意已经成为教廷的重要财源，同时也发展到了荒谬的地步。当时的教皇利奥十世（Papa Leo X，1513~1521 年在位）出身于佛罗伦萨著名的美第奇家族，生活豪侈淫逸，同时却十分喜爱艺术。他即位之初，便雄心勃勃地准备修建圣彼得大教堂，这项浩大的工程需要大量金钱。不过由于教廷财政空虚，教皇便决定号召广大信徒来"集资建房"，而其手段就是赎罪券。为了在短期内筹得巨款，教皇还发展出类似今天传销模式的网络，即不仅大量发行赎罪券，还出售赎罪券的销售权。

■ 教皇西克斯图斯四世

每个教区只要给教皇一笔巨款，就有权售卖赎罪券，所得款项即归那个教区。而为了取得销售赎罪券的权利，不少大主教纷纷向银行贷款交给教皇，而银行为了确保主教们能按期还款，往往派推销员协助教区推动赎罪券的销售工作。

比如，教皇在德国出售赎罪券过程中，就曾把中德意志出卖赎罪券之权交给了出身霍亨索伦王室的大主教阿尔勃莱希特，为期10年，教皇从大主教方面拿到1万杜卡特作为报酬，而且双方商定：赎罪券收入的50%要缴归教皇。这种将"上帝的赦罪"商业化的行径很快成为人们痛斥的焦点，并成为

教皇利奥十世

16世纪初德国宗教改革运动的导火线。在反对者的眼中，这种巧立名目的行为简直就是巧取豪夺，笃信基督教的民众纷纷用钱救赎自己的灵魂，而一些犯有恶行的人因此更加横行无忌，因为既然不管做什么都可以用钱来救赎，那么不管作不作恶，只要有钱，甚至魔鬼都能上天堂。一时之间，欧洲大地乌烟瘴气。这种行径使许多人奉献自己所有的财产，但也激起了许多人的愤怒。在德意志，一位萨克森贵族就对此非常不满。他对出售赎罪券的修道士说，他打算暗算某个人，能不能提前买一张赎罪券，修道士居然以三倍的价格卖给他一张赎罪券。结果这位

▓ 罗马教皇的贪婪行为，最终引发了马丁·路德的宗教革命。

贵族把修道士痛打一顿，还抢走装满钱财的赎罪券箱。有趣的是当修道士上告法院时，这名贵族向法院出示了修道士签署的赎罪券，因此宣告无罪。

玩火者必自焚。当利奥十世的使节抵达德国，掀起销售赎罪券狂潮时，很快就招致了当地开明人士的反对。1517年11月1日，马丁·路德（Martin Luther）在威登堡教堂大门上张贴了自己的《九十五条论纲》，猛烈抨击赎罪券买卖，从而掀起了轰轰烈烈的宗教改革运动。

鉴于欧洲各阶层的强烈抵触，教皇不得不考虑结束这种生意，关闭他的赎罪券销售公司。1562年，特兰托公会议作了废除出售赎罪券的决定。在教皇庇护四世（Pope Pius IV，1559~1565在位）的亲自过问下，教廷的风气开始得到整顿。不过舒服日子过久了，骤然间失去这么一大笔收入，教会的神职人员还真不适应。就像我们这个俗世一样，任何既得利益

知识链接

马丁·路德

1483~1546年，16世纪德国宗教改革运动的发起者，新教路德宗的奠基人。少年时的马丁·路德目睹了天主教会的腐败糜烂，便下定决心要进行宗教改革。大学毕业以后，进入雷尔福特圣奥古斯丁修道院当修士，1508年成为维登堡大学的神学教授。教皇和天主教会的腐败奢侈，日益坚定了他进行宗教改革的决心。1517年，为反对教皇利奥十世借颁发赎罪券盘剥百姓，路德在维登堡大教堂门前贴出了《关于赎罪券效能的辩论》（即九十五条论纲），引起强烈反响，从而走上了同罗马教庭彻底决裂的道路。1543年，路德翻译出德文圣经。1546年死于出生地艾斯勒本，享年63岁。

集团都不会轻易放弃他们到手的蛋糕。虽然庇护四世一度废弃了赎罪券的买卖，但教廷的财政开支照样在增长。无奈之下，他们又采取加重税收的办法增加收入，结果同样招来了许多人的不满。下一位教皇庇护五世(Pope Pius V，1566~1572在位)上台后，竭力主张严肃宗教法纪，全面改革补赎制度，着手整顿和限制赎罪券。1567年，他批准了特兰托公会议关于废止售卖赎罪券的决议，但教会关于免罪罚的原则仍保持不变。遗憾的是，在金钱的腐蚀下，当时罗马教廷的腐败已到了无可救药的地步。对于这个行当已驾轻就熟了的教士们并没有集体下岗，只不过转产了。于是，各种教职就像商品一样被公开拍卖，只要你足够有钱，买个教皇来干干也不是不可能

教皇庇护五世画像

的。在文艺复兴时期著名的作品《十日谈》（Decameron）中，就有不少对好色的教士和主教们的讽刺。曾经有一位赴罗马参加教廷会议的外地主教如此描述："当我们来到罗马的时候，城中有 5 家妓院。而当我们离开的时候，城中只剩下 1 家妓院，一家从城东头一直开到城西头的大妓院。"

知识链接

《十日谈》

《十日谈》为文艺复兴时代意大利作家薄伽丘的代表作，创作于 1350 年。1348 年，意大利的佛罗伦萨发生了一场可怕的瘟疫，这件事给当时意大利作家薄伽丘以深刻影响。为了记下这场灾难，他以这场瘟疫为背景，历时 5 年，写下了一部当时意大利最著名的短篇小说集《十日谈》。故事说的是：在佛罗伦萨闹瘟疫期间，7 个美丽年轻而富有教养的小姐，在教堂遇到了 3 个英俊而富有热烈激情的青年男子。他们决心带着仆人，离开佛罗伦萨这座正在走向死亡的可怕城市，前往郊外一座小山上的别墅躲避瘟疫。为了度过难熬的时光，这 10 位年轻人商定每人每天讲一个优秀动听的故事，他们一共讲了 10 天，10 天合计讲了 100 个故事，这些故事收集成集子就叫《十日谈》。

拿黑人换黄金：
臭名昭著的"三角贸易"

我们中国有句古话"君子爱财，取之有道"，然而实际上，许多人为了快速敛财，往往将这些教诲置之脑后。于是就有了烧杀抢掠、坑蒙拐骗……在种种肮脏的敛财手段中，贩毒和贩卖人口是最令人深恶痛绝的。在这里，我们给你讲述一段历史上最不可思议的贩卖人口的故事，而故事的主角则是今天那些道貌岸然的西方国家。今天的人们很难想象，这些成天将人道、博爱等词汇挂在嘴边的西方国家，竟曾集体扮演了人贩子的丑陋角色。在长达 400 年的时间里，为了获取 100% 乃至 1000% 的利润，他们居然不惜祸害了非洲和南美洲两个大陆！结果，当他们富得流油之后，非洲减少了一亿人口！

不可思议指数：★★★★★

非洲的灾难降临了 》》》

葡萄牙航海家亨利

却说在进入 15 世纪后，由于向往东方的富庶，欧洲一些国家开始不断探索新的航线。没想到，在这一过程中，他们首先在临近的非洲发现了财富。这种财富虽然不是黄金，也不是香料，但却同样能卖个好价钱。这种财富，就是在欧洲已绝迹多年的奴隶。

15 世纪中叶，葡萄牙航海家亨利（Dom Henrique）鼓励海员沿非洲西海岸由北往南航行，以探索通往东方的海路，并寻找黄金和香料产地。1441 年，葡萄牙人贡萨尔维斯率领一艘船沿非洲西海岸向南绕过布郎角上岸，从那里带走了 10 个黑人回到欧洲。从此，葡萄牙经常派出一些船只去西非海岸进行掳掠。在 15 世纪后半叶，葡萄牙人从西非沿海贩运黑奴去本国充当家务和农业劳动力，或贩运至马德拉群岛、加那利群岛和佛得角群岛等大西洋岛屿新辟的甘蔗种植园中工作，每年贩奴大约 500—1000 名。但是，直到 16 世纪初，葡萄牙人在西非的黑奴贸易的价值远远赶不上黄金、象牙、胡椒等非洲产品的贸易。不过随着美洲大陆的"发现"，欧洲人发现贩卖奴隶成为越来越赚钱的买卖了。

知识链接

葡萄牙航海家亨利

亨利，又名恩里克或亨利王子、殷理基皇子（葡萄牙语：Infante D. Henrique 唐·林凡特·恩里克，1394 年~1460 年 11 月 13 日），是葡萄牙和阿尔加尔维国王若昂一世的第四子。葡萄牙若昂一世国王是打败西班牙的一位国家元首，他有六个儿子。恩里克王子为其四子，他并未继承王位，却建立了全世界首间航海学校、天文台、图书馆、港口及船厂，为葡萄牙日后成为海上霸主，奠定了基石。在葡萄牙管治澳门期间，南湾一条马路被命名为殷皇子大马路（Avenida do Infante Dom Henrique）来纪念恩里克王子；澳门主权移交后该马路仍然保留这名字。

1494 年西班牙和葡萄牙签订的托德西拉斯条约（Treaty of Tordesillas）是列强第一个瓜分世界的条约，它规定在佛得角以西 2056 公里或者西经 48 度到 49 度之间，从南极到北极划出一条分界线。在分界线以西的地区，专有权归西班牙，葡萄牙的远征考察活动只能在分界线以东进行。从此，非洲、亚洲及巴西归属葡萄牙，美洲其他地区归属西班牙。16 世纪，西班牙人在向西印度群岛及美洲大陆进行扩张掠夺的过程中，对土著印第安人进行了灭绝人性的屠杀，并企图奴役印第安人，但没有成功。西班牙人发现，印第安人不适宜于繁重的田间劳动，而一个黑人奴隶却顶得上四个印第安人。于是为了满足那里发展热带作物种植园及开发矿藏对劳动力的需求，他们决定从非洲运进黑人。1501 年，即哥伦布发现新大陆后不到 10 年，伊斯帕尼奥拉岛就从葡萄牙运进了第一批黑奴。这是向美洲贩卖奴隶的滥觞，也是美洲实行黑人奴隶制的开端。为了鼓励这项业务的发展，捷足先登的葡萄牙和西班牙居然以国家的名义行动起来。1513 年，西班牙国王正式颁发执照，允许商人把黑人奴隶运往美洲西属殖民地。1518 年，第一艘来自非洲的贩奴船到达西印度，开始了非洲与美洲之间直接的黑奴贸易。到 1540 年，西班牙美洲殖民地每年运进的黑奴已达 1 万人。

▓ 葡萄牙航海家贡萨尔维斯

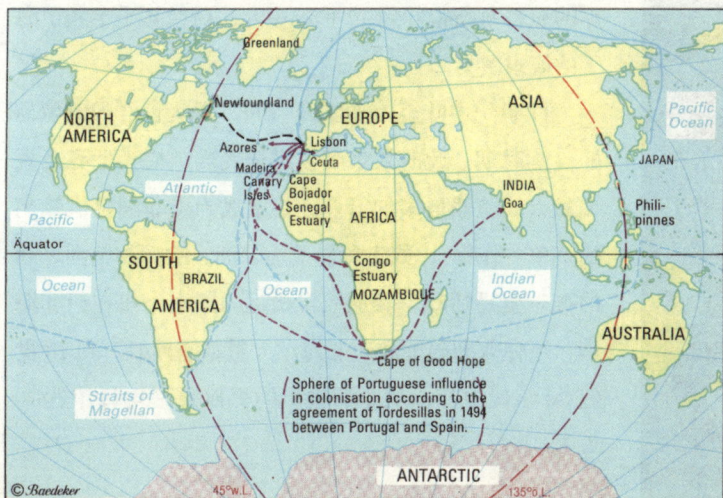

▓ 托德西拉斯条约规定的西班牙、葡萄牙的势力范围

知识链接

约翰·霍金斯

约翰·霍金斯（John Hawkins，1532年~1595年），英国航海家、海军军事家、海盗、奴隶贩子。曾在伊丽莎白一世时期贩卖奴隶，建立奴隶制。他是著名的大海盗德雷克的表兄，他们二人的舰队曾打败西班牙无敌舰队。

■英国奴隶贩子约翰·霍金斯

继葡萄牙和西班牙之后，英国、法国、荷兰等国的殖民者和奴隶贩子也纷纷跟进，从此奴隶贸易如春潮一般涌起。1563年，英国奴隶贩子约翰·霍金斯（John Hawkins，1532年~1595年）从非洲运送300名奴隶到美洲，这是英国参与奴隶贸易的开始。17世纪开始，英国与法国都成为贩卖奴隶的主要国家。整个非洲都成为殖民国家猎取黑人奴隶的目标，其中受害最深的是西非广大地区。为了在这项无耻的业务中占据有利地位，欧洲各国还展开了激烈较量。16世纪是西班牙、葡萄牙在海上称霸的时代，奴隶贸易为他们带来了巨额的财富，因此欧洲其他国家也竞相插手。英国、荷兰和法国力图打破西、葡的垄断。1588年，西班牙"无敌舰队"被英国歼灭，西班牙、葡萄牙的海上优势一落千丈，荷兰乘机取而代之。荷兰从16世纪以来一直是葡萄牙与欧洲进行贸易的最大中间商，被称为"海上马车夫"。16世纪末，荷兰夺取了葡萄牙在非洲的重要贸易据点和军事要地，紧接着又成立了荷属几内亚公司、西印度公司、东印度公司等，夺取了非洲西海岸的贸易垄断权。到17世纪中叶，荷兰几乎垄断了海上的奴隶贸易。

17世纪中叶至18世纪下半叶，是大西洋奴隶贸易的高潮时期。此时奴隶贸易迅速发展，成为世界上规模最大、赚钱最多的行业，奴隶成为黑非洲可供输出的"单一作物"，奴隶贸易成为非洲、欧洲和美洲之间的唯一贸易活动。参加奴隶贩运的国家不仅在西非海岸，还在非洲内地和东非海岸大量猎捕黑奴。到18世纪80年代中叶，从非洲输出的黑奴隶平均每年近10万人。

毫无人性的"文明人" ▶▶▶

　　在奴隶贸易的初期，欧洲殖民者曾组织所谓的"捕猎队"亲自掠奴，偷袭黑人村庄，烧毁房屋，把黑人捆绑着押往停泊在岸边的贩奴船，往往一夜之间把和平宁静的黑人村庄踏为荒无人烟的废墟。殖民者的野蛮暴行，遭到了非洲人民的反击。后来殖民者改变了方式，采取以枪支、火药诱骗某些沿海地带的部落酋长，唆使他们向内地袭击，挑动部落之间的战争，以便在交战中俘虏对方部落的人，出卖给欧洲的奴隶贩子，史称"猎奴战争"。1446 年葡萄牙殖民者阿苏拉拉，在一次猎奴战争中，掳走了 160 名男女和儿童。阿拉伯最大的奴隶贩子提普·蒂帕，曾拥有一支一千多条枪的武装商队，把猎获的黑人从内陆押到沿海，卖给欧洲殖民者，他自己也由此而成为拥有数百万英镑的富翁。黑人在猎奴战争中被俘，只是他们苦难生活的开始。在从内地押运到沿海的漫长途程中，黑人戴着脚镣手铐，步履蹒跚，艰难地穿过丛丛荆棘，被折磨得皮开肉绽。稍有不慎，就遭到毒打。跟不上队伍的孩童，被揍得脑浆迸裂。在漫长的贩奴道上，洒满黑人的鲜血，遍布黑人的白骨。在 400 年的奴隶贸易过程中，始终没有停止过，造成非洲黑人的大量死亡。

　　被掠的奴隶，在贩运到美洲以前，大致要经历三个阶段：从内地贩运到沿海集中地；在集中地接受奴贩挑选；转运在贩奴船上。

▨ 欧洲殖民者的捕猎黑人的历史图片

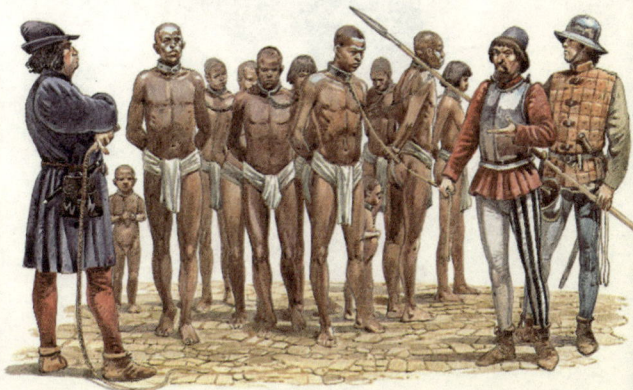

奴隶从内地送往沿海的集中地，一般都有一段长距离路程，奴隶贩子为了防止奴隶逃跑，给奴隶带上沉重的脚镣，有时还有铁链把奴隶双双拴在一起，也有的奴隶贩子让奴隶扛上几十千克重的商品，如象牙、兽皮、高粱、蜂蜜之类，找不到合适的产品时甚至让他们背上一块大石头或一袋沙土。最后一个阶段是装载贩奴船上。到达西非沿海以后，黑奴被成串地牵往贩奴市场，让欧美奴隶贩子选购。买卖双方拍板成交之后，奴隶贩子就用烧红的烙铁，在黑奴的臂上和胸前打上带有公司纹章的烙印，关进地牢，等待装船运往目的地。贩奴船的舱板之间的高度不到半米，奴隶们只能席"地"而坐。奴隶贩子为了多赚钱，总是超额一倍，甚至更多倍载运奴隶，把奴隶塞进船舱，使他们像"汤匙"一样卷曲着身体，人挨人地挤在一块。由于船舱拥挤、潮湿、空气污浊，经常出现传染病。患传染病的奴隶往往被投入海里，活活淹死。1874年"戎号"贩奴船一次就把132个患病的奴隶抛入大海。如果航行途中遇到风暴等恶劣天气，延误航期，致使船上淡水、食物不够时，奴隶贩子也会把部分奴隶抛入大海。

■ 镣铐加身的非洲黑人

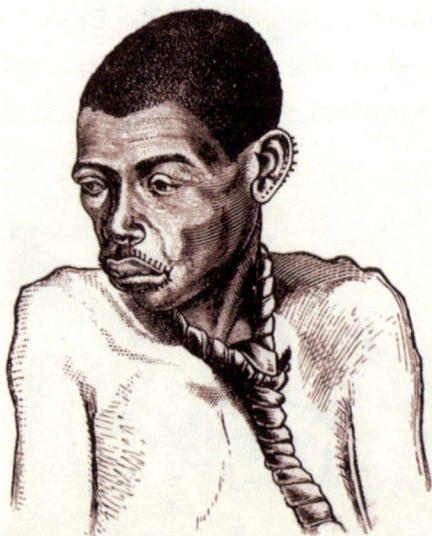

利欲熏心的殖民者把人数众多、具有热带作物种植技术，又能适应热带劳动的非洲黑人当作猎奴的对象。从塞内加尔河口到刚果河口的广阔地带，停泊着一艘又一艘欧洲殖民国家的贩奴船，乌黑的船首就像张开的血盆大口，等待着吞吃人肉。据资料统计，在400年的黑人部落"猎奴战争"过程中，非洲黑人被杀了上千万；从非洲运到美洲的奴隶大约为1200万~3000万。按照每运至美洲一个奴隶，最少要牺牲10个左右非洲黑人的计算方法，奴隶贸易使非洲损失一亿人口，这个数字相当于1800年非洲人口的总和！奴隶贸易使非洲大部分地方呈现一片荒凉景色，而欧洲奴隶贩子却从中赚了大量钱财，这客观上加快了欧洲资本主义的原始积累，促进了欧洲的经济繁荣。

■被押解往非洲沿海的黑奴

到达美洲后，黑人奴隶又要遭受极其残酷的压迫和剥削。他们被剥夺了一切政治权利和人身自由，往往一天要从事长达十几个小时的劳动，生活条件又十分恶劣，一个壮年黑奴常常工作六、七年就被折磨致死。到1750年，先后有80万奴隶被卖到英属加勒比群岛，而活下来的奴隶总量不到30万。一个巴巴多斯种植园主甚至计算出蓄奴公式："要维持100个左右的存货，每年需要购买8到10个新奴隶。"除了死亡、疾病、瘟疫和热带气候的折磨，女奴还饱受性侵犯，混血后代则在备受歧视中重复着被奴役的命运。

"三角贸易"养肥了谁 ▶▶▶

最初，欧洲奴隶贩子曾在西非海岸登陆，亲自猎取黑人，卖作奴隶。这种海盗行径遭到非洲人的反击，给奴隶贩子造成惨重损失。因此奴隶贩子又改变手法，采取同当地酋长和上层统治者结盟的方式，从他们那里获得奴隶，并由此形成了臭名昭著的"三角贸易"。

根据资料记载，1562年，前面提到的英国第一个奴隶贩子约翰·霍金斯从塞拉利昂装运奴隶，在海地换取兽皮和糖，而返航之后一举成为朴茨茅斯最富裕的人。由于利润高得惊人，所以伊丽莎白女王和枢密院官员也对他的第二次航行进行投资。他遵循前次的步骤满载一船白银而回，成为英国最富裕的人。正是由于政府对奴隶贸易的默许，使得奴隶贸易越发猖獗。欧洲殖民国家无不参与。

奴隶贸易的过程有三部分。首先，欧洲奴隶贩子的运奴船

▓ 1701~1819年间三角贸易路线图

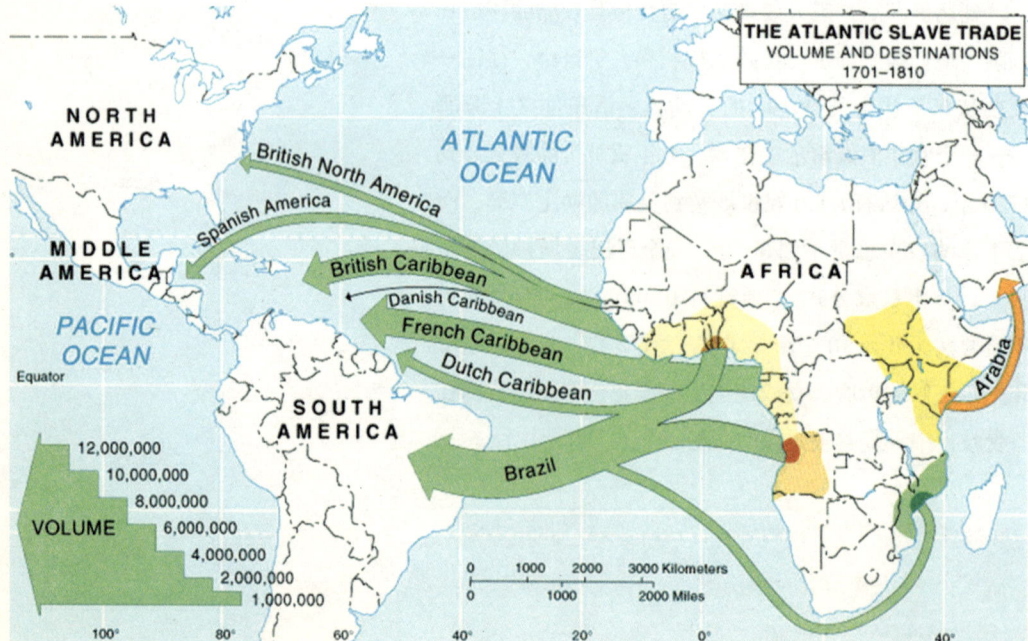

THE ATLANTIC SLAVE TRADE
VOLUME AND DESTINATIONS
1701–1810

装着劣质商品，从欧洲港口出发，到达非洲，这叫"出程"。当时，欧洲殖民国家的资本主义发展迅速，大量的产品决定了他们能够以此交换黑人。一般一艘商船满载着廉价的货物，主要是枪支、火药、丝毛棉麻织物、钢铁等金属物品和非洲统治者所需要的奢侈品，从欧洲港口出发顺着洋流到达非洲。奴隶贩子到达非洲后，用价值很低的商品与黑人部落的酋长交换年轻力壮的黑人，如一支枪换一个奴隶。尚处于野蛮愚昧状态下的黑人部落及其部落首领，在奴隶贩子的挑拨离间、威迫利诱下，黑人就像商品一般被奴隶贩子收购。

接着，满载黑人的运奴船沿着中央航路横渡大西洋，到达美洲，这叫"中程"。到达目的地后，黑人再次被卖送到矿山或种植园做奴隶。由于气候适宜，加上黑奴在殖民者的压迫下拼命劳作，种植园的发展迅速，种植园园主获得了大量的糖、烟草、茶叶等原料，赚取了巨大的财富。在发展种植园的同时，殖民者还大量掠夺美洲的金银等贵重金属，拉丁美洲出产黄金、白银和宝石，殖民者除了从那里掠夺特有的热带农产品外，更多的是掠夺贵重金属矿产品。墨西哥高原、安第斯山区贵重金属矿产丰富。1550年前后，墨西哥提供了世界用银总量的三分之一，秘鲁银产量占世界银产量的二分之一。这成为资产阶级资本原始积累的重要来源之一。

最后，满载金银和原料的船只返回欧洲，这叫"归程"。一次三角航程一般需时半年，可做三笔生意，利润往往高达百分之几百。

由于贩奴可以得到几十倍甚至上百倍的利益，所以，不少资本家纷纷把精力投入到贩奴活动中。1730年，拿四码白布就可以在非洲换取一个黑奴，把这个黑奴运到牙买加，可以卖60至100英镑。18世纪末，一艘贩奴船往返一趟，运300多名黑奴就可获利一万九千多英镑。西班牙、荷兰、英国、法国，尤其是最先垄断奴隶贸易的葡萄牙，都在贩奴运动中发了横财。为本国的资本主义发展准备了十分充足的条件。例如英国许多城市都因奴隶贸易而兴盛起来，利物浦就靠奴隶贸易发展成为英国第三大港。奴隶贸易给它带来巨大的收入，1785年仅关税收入就达到64万英镑。当时，英国商船从利物浦、布里斯托尔等港口装上英国货行驶到西非海岸，卸货装奴，再到西印度群岛把奴隶贩卖给种植园主，装上糖、烟草和朗姆酒返回欧洲。非洲奴隶到达大西洋另一头后价格上涨七八倍，从1662年到1807年，巨额利润驱使

英国贩奴船在这条航线上走了一个半世纪。在奴隶贸易顶峰时期，一个英国人一年的生活费用大约是6英镑，但一个奴隶贩子每年的利润竟达到110万英镑！所以有人说，一个个黑奴的躯体就是一块块砖，无数黑奴的血肉就是无数的钢筋水泥，极度繁荣的欧美城市伦敦、阿姆斯特丹、马德里、纽约等，都是靠这些"砖块"一层层垒起来、靠这些"钢筋水泥"一点点浇灌而成的。

多少年来，即使欧洲人自己也承认，在人类历史上，没有什么比贩卖人口更为耻辱的了。但是在西方资本主义发展历史上，公开的奴隶贸易竟然延续了长达400年的历史！这绝对是人类历史上最为黑暗、最为可耻的一页！也正是这种可耻而血腥的贸易，在很大程度上为西方资本主义的发展提供了动力与源泉。

▨ 贩奴贸易中备受奴役的黑人

榨取王冠上的利润：
文艺复兴时期的富格尔家族

如果有这样一户人家，他们能在一个小时内拿出 3 吨黄金！你是不是会目瞪口呆？请注意，我们这里讨论的是将近 500 年前的故事，而不是今天。在 500 年前的欧洲，还真有这样一户人家，他们通过向皇帝、诸侯和教皇贷款而获利，所收取的利息则要高出市场好几倍。至于为什么这些权贵甘愿付出如此大的代价，答案只有一个——其他人没有这么多的现钱。为了进行战争、当上皇帝或者主教，这些历史上的显赫人物纷纷在财神爷面前低头。就这样，通过如此不可思议的赚钱手段，这户人家一步步成为欧洲最不可一世的金融家族，以至于后人称他们为"欧洲的债主"。这个家族的名字就叫"富格尔"，他们的故事无疑是人类财富史上的一个传说。

不可思议指数：★★★★★

文艺复兴时代的世界首富 ▶▶▶

美第奇家族

14-18 世纪意大利佛罗伦萨著名家族，以经营工商业致富。13 世纪该家族成为贵族，参加佛罗伦萨政府。乔瓦尼·美第奇时该家族成为佛罗伦萨首富。1434 年，其长子科西莫在佛罗伦萨建立起独裁统治。1532 年佛罗伦萨成为公国。1569 年，该家族建立起托斯卡纳大公国，佛罗伦萨成为公国首府，共和国名存实亡。美第奇家族在佛罗伦萨的统治一直延续至 1737 年。美第奇家族奖掖文化，搜集大批图书及手稿，并罗致米开朗琪罗等著名艺术家。在他们的帮助和鼓励下，佛罗伦萨成为欧洲文艺复兴运动的发源地和中心。

公元 15 世纪后期，在欧洲大陆上，突然崛起了一个拥有庞大财富的金融家族——富格尔家族（Fugger Family）。当时，人们将其与著名的美第奇家族（Medici Family）相提并论。但实际上，美第奇家族的影响力主要集中在意大利，而富格尔家族的影响力却遍及欧洲各个角落。在这个家族的鼎盛时期，不但垄断了德国的矿业和银行业，甚至长期控制着欧洲货币市场。他们的钱袋就好像充满了不可思议的魔力，只要他们乐意，源源不断的金币就会像泉水一样涌出来。

追溯起来，富格尔家族的事业还得从他们的祖先约翰内斯·富格尔说起。约翰内斯原本是一名亚麻织工，14 世纪中期时来到德国小城奥格斯堡。最开始，这位老实的手艺人还只是经营自己的产品赚取辛苦钱，就这样慢慢积累起一笔财富。到他的儿子小约翰内斯时，进一步扩大业务，开始贩卖亚麻织物。经过多年拼搏，小约翰内斯居然积累起 3000 金弗罗林的财产，并成为当地颇有名望的市民。他死后，其长子安德烈用父亲留下的财富买了一个贵族头衔，并在与一位贵族小姐结婚后退出商界，将全部生意交给弟弟

■ 盛极一时的富格尔家族

雅各布打理。1494年，富格尔公司成立。没想到，雅各布这一支还真有商业头脑，居然将富格尔家族带上了欧洲之巅。雅各布有七个儿子，其中的三个都堪称商业天才：乌尔里希（Ulrich Fugger）、乔治（Georg Fugger）和雅各布第二（Jakob Fugger）。其中，雅各布第二（以下统称雅各布）更成为有史以来最强大的金融家，就连后来的罗思柴尔德、摩根等巨头都难望其项背。

雅各布出生在奥格斯堡。作为父母的第三个儿子，他从小就被送到神学院接受严格的训练，准备将来成为一名神职人员。不过在他14岁那年，母亲又决定把他培养成商业人才。随后，雅各布被送到家族在威尼斯的一家分公司学习金融、财务和商用数学。5年后，他成为乌尔里希·富格尔兄弟公司的合伙人。在这一段实习期间，雅各布学习商业的每个环节、记账时的每一步骤、生产、销售、财务，渐渐摸清了整个家族商业网络的状况。当时，欧洲的贸易中心正从意大利向北转移，而拥有约2.5万人口的奥格斯堡也逐渐取代了佛罗伦萨。加上这里拥有欧洲最重要的铜矿和银矿区，因此养育出一大批著名的银行家，而雅各布便是其中的佼佼者。

在雅各布和两个哥哥的领导下，富格尔家族的公司经营大量商品，但最重要的产品依旧是他们家的特产亚麻织物。他们从地中海各港口收集棉花原料，用骡子将原料送到奥格斯堡，再发放到各织布作坊。然后，富格尔家族再从各织布作坊那里收购成品，将其分销到欧洲各地。渐渐地，富格尔家族开始进口金属、调味品、丝绸、锦缎、药草、药物、工艺品、稀有食品、珠宝，一度还涉足利润丰厚的胡椒贸易。到大约1525年时，有18个分支的富格尔家族公司成为当时世界上一支最强有力的金融力量。他们发家的秘诀就是向

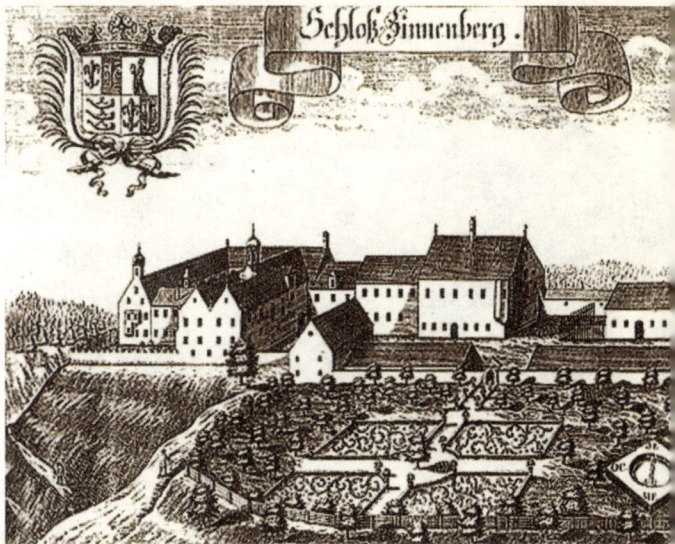

■ 富格尔家族田产

■ 雅各布·富格尔的母亲

神圣罗马帝国皇帝贷款，而后者则将帝国境内的土地以及矿产作为抵押，而且价格要比市场上低 25%—30%。到 16 世纪初，富格尔家族控制了德国、奥地利、波希米亚和西班牙的矿业和金属资源，当时欧洲最大的几座银矿落入他们手中。在此基础上，富格尔家族还发行大量信用证券，其流通范围甚至超过了许多国家的货币。

与一般商人不同的是，雅各布·富格尔并不追求眼前的短期利益，而是喜欢通过冒险发大财。据说当一位亲戚劝他放弃自己的投机事业，好好享受已累积的财富时，雅各布·富格尔打断他的话，说自己"只要活着就想赚取利润"。令人难以想象的是，这样一位对财富充满了狂热的商人，也曾有温情的一面。1516 年，他们在老家奥格斯堡修建了 100 多套房屋，以极低廉的价格出租给当地的穷人居住，堪称世界上最早的廉租房。通过这一细节，也可以看出他们财力上的雄厚。

雅各布·富格尔头像

富格尔家族的发迹地奥格斯堡

欧洲王冠的操纵者 ▶▶▶▶

富格尔家族活动的时期，欧洲正好处于四分五裂的局面，仅在神圣罗马帝国境内就存在着成千上百个大小诸侯，更别说在欧洲大陆上了。为了争夺地盘和皇冠，他们常常展开激烈的较量，而这一切都需要强大的财力支持。然而当时欧洲的整体经济水平还非常落后，那些封建王侯也缺乏商业头脑。于是每当需要钱的时候，他们就不得不向富格尔家族这样的金融巨头借贷，然后就乖乖地受其摆布。

由于富格尔家族与神圣罗马帝国哈布斯堡王室之间一直有着紧密的生意关系，因此当后者需要财力帮助时，富格尔家族总是慷慨解囊。1508 年，雅克布就为马克西米连皇帝加冕提供了经济援助。使后者得以顺利加冕。1519 年，马克西米连去世后，两位君主被推选出来竞争神圣罗马帝国的皇帝：西班牙国王查理一世和法国国王弗兰西斯一世。不过实际上对于拥有投票权的选帝侯们来说，谁当皇帝都一样，关键在于谁给的贿赂更多。于是为了登上皇帝的宝座，两位候选人展开了大规模的金钱攻势，当然也都欠了一屁股债。幸运的是，查理一世的后

■ 欧洲王冠的操纵者富格尔家族

知识链接

选帝侯

选帝侯是德国历史上的一种特殊现象，指那些拥有选举德意志国王和神圣罗马帝国皇帝权利的诸侯。1356 年，卢森堡王朝的查理四世皇帝为了谋求诸侯对其子继承王位的承认，在纽伦堡制订了著名的宪章"金玺诏书"，正式确认大封建诸侯选举皇帝的合法性。诏书以反对俗世的七宗罪为宗教依据，确立了帝国的七个选帝侯。他们分别是三个教会选帝侯：美茵茨大主教，科隆大主教，特里尔大主教，和四个世俗选帝侯：萨克森公爵，勃兰登堡边地侯，普法尔茨伯爵（或称莱茵行官伯爵），以及波希米亚国王。事实上，七候选举出来的人只能称"德意志国王"，只有经过进军罗马，并由教皇加冕后的"德意志国王"，才能使用"神圣罗马帝国皇帝"头衔。

🔲 鼎盛时期的富格尔家族几乎凌驾于整个欧洲之上

台老板雅各布腰包更鼓一些，后者为此付出了85万古尔登（银币，德意志地区的货币之一，1个古尔登约等于今天的1.18欧元。）。最终，西班牙国王查理一世成为神圣罗马帝国皇帝，史称查理五世。

雅各布之所以如此仗义，倒不是因为他真的爱戴查理五世，愿意为之无条件地倾家荡产。其真正的目的，就是紧紧控制住帝国皇帝，进而为其经济活动服务。当查理一世即位后，雅各布第一时间给这位新皇帝发去了贺信，信中居然有这样的话："整个世界都知道，陛下是在我的帮助下摘取了皇冠。"面对如此狂妄的口气，原本心高气傲的查理五世也不得不谦虚地接受。对于雅各布这样的巨商而言，所谓的政治只不过是一种游戏，而他关心的只有钱财和收益。几十年间，他给哈布斯堡王朝提供了巨额贷款，为保证其偿还能力，他又想方设法使皇帝们强大起来。他也同样希望新皇帝能继续向他借钱，因为没有比贷款给皇帝更省事的挣钱方法了，当时商人们彼此之间的借贷利率为7%到8%，而给皇帝的利息则超过15%。诚然，给皇帝借钱意味着风险，因为如果战争胜利了，皇帝可以用掠夺的财富还债，而如果战争失败了，就只能再借钱进行下一场战争。因此，雅各布除了垄断军队后勤、武器供应贸易外，还想出了最稳妥的规避风险的办法，他要求哈布斯堡家族的国王们用巨大的矿山、农业地产作为贷款的抵押担保，并派人管理这些矿井、庄园，从中获得收益。

在其鼎盛时期，富格尔家族几乎凌驾于整

个欧洲之上。因为他们当时拥有强大的组织，可以提供源源不断的贷款，与德国几乎所有高层的诸侯都有来往，而且他们还与梵蒂冈教廷有着最紧密的联系。当时，罗马教皇不仅是精神、政治，而且是世界经济权力的象征。尽管如此，拥有大量财富的教廷要想安全地从事金融交易，也必须与富格尔家族合作。

从1499年起，富格尔家族开始向罗马教廷贷款，并以他们所经办的宗教收入为抵押。就像直接出钱操纵神圣罗马帝国皇帝的选举一样，富格尔家族还用他们的金钱影响了两位教皇的选举。当时欧洲各地的大主教几乎都是雅各布的客户。教皇尤里乌斯二世（Julius II）就曾在富格尔的银行中存入10万金币，而据一份未署名的中世纪档案记载，一位红衣主教去世时袖子里有一张富格尔银行30万金币的存契。更令人不可思议的是，当教皇尤里乌斯二世派人询问富格尔在罗马的负责人多久能兑现这笔存款时，所得到的答案居然是一个小时。听到这个回答后，教皇简直不敢相信自己的耳朵。因为在当时的欧洲，即使是英国、法国的国王，也不可能在这么短的时间凑足三吨黄金。通过这则传说，你是否对富格尔家族的财富神话有了大致的概念。至此，我们是否已没有必要刨根问底，估摸这个家族具体的财富数字了？

正因为这种秘密的、彼此信任的合伙关系，富格尔家族充当了教廷秘密出售教职的掮客。梵蒂冈教廷长期将德国境内的高级教职贩卖给出价最高的人。富格尔财团在梵蒂冈教廷有专职代表人员，办理这种棘手的、秘密的大宗买卖。同时，对于那些有兴趣在教皇那里购买一官半职的人，雅各布又充当他们的贷款人。这种肮脏的、惟利是图的买卖由始至终都使虔诚的信徒对富格尔怀有敌意。而他所参与的另一件宗教商业活动，使他彻底成

教皇尤里乌斯二世就曾经是富格尔家族的客户

为淳朴教徒的公敌。

当时，为了整修圣彼得大教堂，教皇不得不筹集一大笔巨款。但至于通过什么途径让广大教徒拿出钱来，一直让教皇感到头疼。巧合的是，美因茨的大主教当年因为购买教会职位向雅各布借了一大笔钱。为了偿还这笔债务，城府极深的他便不动声色地建议教皇在德国各地发行赎罪券，因为这样一来他本人也能从中捞一笔。结果，当赎罪券的发行工作开始后，作为美因茨大主教债权人的雅各布便理所当然地成为德国地区赎罪券的包销商。鲜为人知的是，尽管教会成功卖出了大量赎罪券，销售业绩也频频刷新纪录，不过教皇拿到手的只有可怜的一点钱，其他一部分被德国各地的主教们截留了，而大多数则落入了雅各布的口袋，因为那些大主教还必须拿出所得的一部分清偿欠富格尔家族的债务和利息。

王冠上的利润不可靠 ▶▶▶

印有富格尔头像的钱币

雅各布深知，仅靠贷款给欧洲的王侯并不能保证家族得到源源不断的收益，而风险最小的办法就是掌握实体经济。于是他很有远见地将政治投资转化为实业，最终成为整个欧洲铜产业的垄断者。

早在 1498 年，富格尔家族就和另外三个贸易家族一起向马克西米连皇帝提供了一笔可观的款项，共计 15 万古尔登。作为回报，皇帝则允许他们有权独立自主经营著名的匈牙利蒂罗尔铜矿。但是野心勃勃的雅克布一点儿也不满意这种成就，因为他想获取更多，即实现自己对铜器的垄断。紧接着，他将大量铜器投入市场，最终迫使其他几个家族退出欧洲铜器市场。尽管这些愤怒的合作伙伴曾对雅各布提起诉讼，但是由于皇帝的支持，事件最终不了了之。不过就在家族的事业趋于顶峰时，雅各布本人却遭到越来越多人的抨击。1524 年，当他想让教会罢免一个为路德新教作宣传的教士的时候，群众发动了一场声势浩大的支持宗教改革、反对富格尔家族的游行示威活动。最后，这个商界巨头不得不暂时从他的集团中心

逃往乡下，一直到为首闹事者被正法，城市再次恢复了平静为止。更不妙的是，他以往的老对手——意大利美第奇家族的一位成员登上了教皇的宝座。如此一来，雅各布立即失去了一个大客户，而佛罗伦萨的金融家们顿时有了靠山，敢于联合起来挑战富格尔家族了。

危难之时，欧洲的政治动荡也频频打击着雅各布的事业。特别是在匈牙利，当发生农民暴动时，国王竟公然下令将蒂罗尔铜矿收归国有。1526 年 1 月，曾经显赫一时的雅各布离开人世，享年 67 岁，留下的财产高达 200 多万古尔登。由于他没有子嗣，家族决定由其侄子安东尼（Anton Fugger）接掌公司。在安东尼手中，富格尔家族的辉煌又持续了一段时间。通过努力，他成功地将已经收归匈牙利所有的铜矿矿井再次转到家族的控制掌握之下。虽然最终被迫放弃了在意大利的金融业务，但到 1546 年时，富格尔公司的总资本已超过了 500 万古尔登。但是令人担忧的是，其中仅查理五世的欠款就超过了 200 万古尔登。问题是，当时的查理五世已处于严重的财政危机中，几乎无力偿还债务了。如果想要恢复其偿还能力，唯一的办法就是继续对他投资。可惜安东尼并不像其叔父那样敏锐，他没有继续发展与查理五世的关系，而是扭头向欧洲其他王室提供大量贷款，从而丧失了挽救其最大债主财政危机的最后能力。仅英国国王亨利八世一人，就在奥古斯堡赊了 150 多万古尔登，其中相当一部分就来自富格尔家族。

最可怕的事情终于发生了。1556 年，查理五世被罢免，继任的菲利普二世虽然继承了债务，但一年以后，其统治下的西班牙王国也因财政崩溃宣布破产。情急之下，当富格尔家族要求菲利普二世兑现一张价值 43 万古尔登的汇票时，后者断然拒绝了。而这仅仅是噩梦的开始，此后富格尔家族要求兑现的款项全部成为一纸空文。到 1560 年左右，

■野心勃勃的雅各布·富格尔

■雅各布的侄子安东尼

仅仅西班牙拖欠的应付款项就是公司自有资本的两倍多。紧接着，家族的另一个客户法国国王也宣布破产，结果同样有大量贷款有去无回。1575 年，西班牙再次宣布破产以逃避债务，致使富格尔家族又有上百万古尔登付诸东流。经过多次致命的打击，其遍布欧洲的贸易网络每况愈下，最后整个家族只剩下雅各布时代积累的大量土地了。依靠这份遗产，富格尔家族的后人们勉强维持了一段时间富足体面的生活。但是不久后欧洲又发生了旷日持久的三十年战争，盛极一时的富格尔家族彻底走向了灭亡。

富格尔家族历史资料

Kultur

SAMSTAG, 12. SEPTEMBER 2009

Zwei große Kulturdenkmäler bleiben in Bayern

Raritäten Staatsbibliothek in München erwirbt Ehrenbuch und Porträt-Genealogie des Hauses Fugger. Beide Renaissance-Schätze stehen im Rang gleichauf mit der Ottheinrich-Bibel im Millionenwert

VON ALOIS KNOLLER

Babenhausen/München Diese Familie hatte Rang, Namen und Stolz, obwohl sie keine Herrscher waren, sondern Kaufleute. Aber was für welche! Unmittelbar mit dem Ehrenspiegel des Hauses Habsburg würde Claudia Fabian, Leiterin der Abteilung Handschriften und Alte Drucke in der Bayerischen Staatsbibliothek, das Ehrenbuch der Fugger vergleichen. Nach mehrjährigen Verhandlungen ist die einzigartige Kostbarkeit nun vom Fuggerschloss Babenhausen (Unterallgäu) in die Münchner Bücher-Schatzkammer gelangt. Und mit ihr die nicht minder erstaunliche Genealogie aller Linien des Hauses Fugger, die 1618 vollendet wurde und – als einziges Exemplar – meisterhaft kolorierte 138 Porträts aus der Familie enthält.

Rolf Griebel, Generaldirektor der Bayerischen Staatsbibliothek, nennt beide Erwerbungen „herausragende Kulturdenkmäler von nationaler Bedeutung“. Die Stücke seien von außerordentlicher Qualität und hervorragendem historischen und kunstgeschichtlichen Rang. Griebel vergleicht die „fulminante Erwerbung“ mit dem Ankauf der Ottheinrich-Bibel vor zwei Jahren. Die war für 2,9 Millionen Euro bereits auf einer Londoner Auktion platziert.

Über den Kaufpreis wurde Stillschweigen vereinbart

Eine ähnlich hohe Summe soll für die beiden Fugger-Werke im Gespräch gewesen sein. Allerdings sei das Haus Fugger der Bayerischen Staatsbibliothek bei den Preisverhandlungen sehr entgegengekommen. Über den ausgehandelten Kaufpreis wurde Stillschweigen vereinbart. Immerhin sagt Generaldirektor Griebel, es grenze an ein Wunder, dass der Erwerb in diesen finanziell außerordentlich schwierigen Zeiten überhaupt gelungen sei. Zu Hilfe kamen der Staatsbibliothek die Ernst von Siemens Kulturstiftung, die Kulturstiftung der Länder, die Bayerische Landesstiftung, der Bundesbeauftragte für Kultur und Medien, die Volkswagenstiftung und die Augsburger Kurt und Felicitas Viermetz Stiftung.

Das Ehrenbuch der Fugger ist eine reich illuminierte Renaissance-Handschrift. Sie entstand zwischen 1545 und 1548, die Buchmalereien führte der berühmte Augsburger Künstler Jörg Breu d. J. selbst aus. „Das ist schon etwas Besonderes, sonst stammen die meisten Buchillustrationen eher aus seiner Werkstatt“, weiß die Expertin Claudia Fabian. Der Zustand der Handschrift sei „für ihr Alter ein üblicher“. Die erste Seite des Ehrenbuches sei viel geblättert worden, einige Seiten wurden schon früher repariert.

Mit der Anfertigung der Porträt-Genealogie wurde 1588 der Augsburger Kupferstecher Dominicus Custos beauftragt. Sie wurde 1618 vollendet. Das Fugger'sche Exemplar aus Babenhausen ist das einzige, worin insgesamt 138 Porträts der Familie von einem unbekannten Maler koloriert wurden. „Es ist eine zum Druck kongeniale Ausführung“, schwärmt Claudia Fabian.

Tat es den schwäbischen Fuggern nicht im Herzen weh, diese einzigartigen Objekte der Familientradition hinzugeben? „Unsere kleinen Möglichkeiten werden diesen sehr sensiblen Werken nicht gerecht“, sagt Hubertus Fürst Fugger-Babenhausen. „Die Aufbewahrung dieser Bücher im Schlossmuseum Babenhausen war eigentlich nicht verantwortbar. Wir können sie nicht so behandeln, wie man sie konservatorisch behandeln müsste.“

In der Staatsbibliothek dagegen, betont Fürst Fugger, würden sie bestens restauratorisch betreut und könnten unter idealen Bedingungen der Öffentlichkeit zugänglich gemacht werden. Offen spricht der Adelige auch von den großen Kosten für den Erbgang, den er mit der Abgabe seines Betriebs an seine Kinder eingeleitet hat. Der Erlös der beiden Objekte soll sie decken.

Bei Sotheby's wäre wohl mehr zu holen gewesen

Exklusiv der Staatsbibliothek bot Hubertus Fürst Fugger die beiden Bücher an. Bei Christie's oder Sotheby's hätte er wohl deutlich mehr herausholen können. Aber das verträgt sich nicht mit der Familienehre. „So viel Verantwortungsbewusstsein muss unsere Familie zeigen, dass wir diese Bücher nicht irgendwohin in die USA verkaufen, sondern dorthin geben, wo sie hingehören“, sagt der Fürst. Schließlich gab Hans Jakob Fugger um 1543 den Auftrag für das Ehrenbuch. Derselbe hatte mit seiner kostbaren Büchersammlung, die er 1571 Herzog Albrecht V. in München verkaufte, den Grundstock für die heutige Staatsbibliothek gelegt.

Beide Fugger-Bücher werden gerade digitalisiert, um sie weltweit der Forschung zugänglich zu machen. Dazu müsse die Handschrift nicht zerlegt werden, erklärt Claudia Fabian. Zumal das Ehrenbuch mit seinem Einband ein in sich geschlossenes historisches Ensemble darstelle. Es gibt zwar schon eine 2004 im Augsburger Wißner-Verlag erschienene Reproduktion des Ehrenbuchs. „Aber sie gibt nur einen unvollkommenen Eindruck von der Schönheit dieser Handschrift wieder“, urteilt Fabian. Die originalen Farben seien viel leuchtender.

Vorbereitet wird in der Münchner Staatsbibliothek auch ein Katalog für eine Ausstellung zu Wesen und Werden dieser bibliophilen Preziosen, die im Februar/März 2010 gezeigt wird. Nach dem Willen von Hubertus Fürst Fugger werden die Bücher irgendwann auch in Augsburg ausgestellt. Das habe er sich ausbedungen – „weil es eine urschwäbische Sache ist“.

Jakob Fugger der Reiche und seine Ehefrau Sibilla Artzt samt ihrer Wappen sind kunstfertig und farbenfroh abgebildet im Ehrenbuch der Fugger, das der Augsburger Buchmaler Jörg Breu d. J. zwischen 1545 und 1548 gefertigt hat. Foto: Bayer. Staatsbibliothek

Die Bayerische Staatsbibliothek einst und heute

- Herzog Albrecht V. gründet 1558 die Münchner Hofbibliothek durch Ankauf der Bücher des Orientalisten Johann Albrecht Widmanstetter.
- Die 12 000 Bände von Hans Jakob Fugger und die Sammlung des Nürnberger Humanisten Hartmann Schedel werden 1571 angekauft.
- Aus aufgehobenen Klöstern und Fürstbistümern gelangen 450 000 Bände und 18 600 Handschriften 1803/04 in die Staatsbibliothek.
- Der 1843 bezogene Bibliotheksbau Friedrich von Gärtners in der Ludwigstraße gilt lange als das modernste Bibliotheksgebäude der Welt.
- Seit 1997 wird das Münchner Digitalisierungszentrum aufgebaut.
- 2008 feiert die Bayerische Staatsbibliothek 450-jähriges Bestehen und wird „Bibliothek des Jahres“. (loi)

Im Internet unter www.bsb-muenchen.de

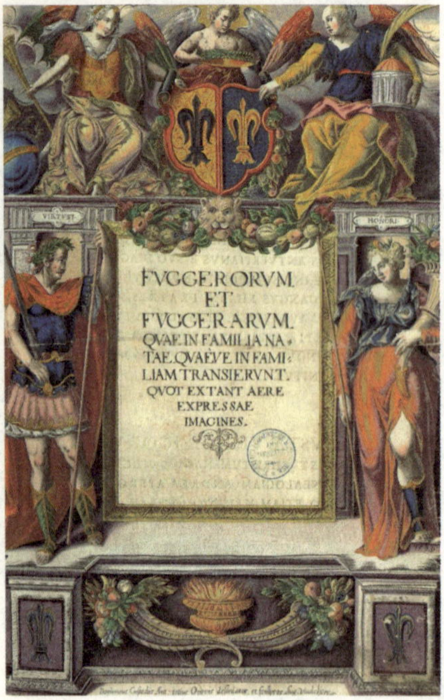

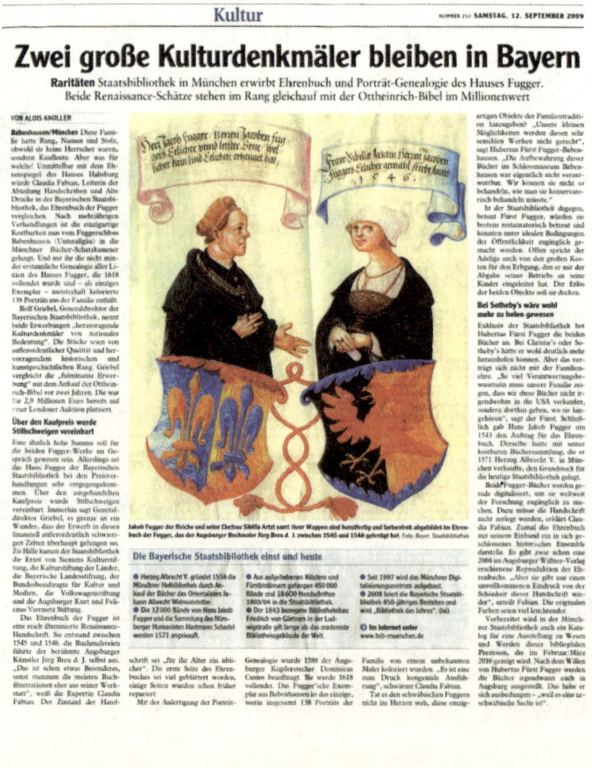

德国 2009 年 9 月一份报纸刊登的关于富格尔家族的纪念文章

十五

掀起货币战争：
罗斯柴尔德家族的发家史

读过《货币战争》这本书吗？是不是被书中那些不可思议的内幕故事惊呆了？作者告诉我们，历史上曾涌现出一系列富可敌国的大财团，他们为了一己之私，甚至能通过操纵战争、制造经济危机等手段获取暴利。当然，这本书后来因有夸大事实之嫌而受到非议。但是，有一个名叫罗斯柴尔德的金融家族，其具有传奇色彩的财富故事倒并非虚构。这个发迹于 19 世纪初的家族，的确建立了当时世界上最大的金融王国。在 19 世纪的欧洲，罗斯柴尔德几乎成了金钱和财富的代名词。据估计，1850 年左右，罗斯柴尔德家族总共积累了相当于今天 60 万亿美元的财富！鼎盛时期，欧洲大部分国家的政府几乎都曾向该家族贷款。

不可思议指数：★★★★★

梅耶开创"红盾"家族 >>>

■ 梅耶·罗斯柴尔德

拉 比

犹太教负责执行教规、律法并主持宗教仪式的人。原意为教师，即口传律法的教师。古代原指精通经典律法的学者。2～6世纪曾作为口传律法汇编者的称呼。后在犹太教社团中，指受过正规宗教教育，熟习《圣经》和口传律法而担任犹太教会众精神领袖或宗教导师的人。

　　2005年，美国著名的财经杂志《福布斯》曾进行了一项名为"历史上最有权势的二十位商人"的评选。在这个财富榜上，囊括了福特、摩根、洛克菲勒等大名鼎鼎的人物，不过排在第7位的梅耶·罗斯柴尔德（Mayer Amschel Rothschild，1744—1812），虽被冠以"国际金融之父"，却并不太为今人所知。实际上自18世纪末起，梅耶所缔造的金融帝国就始终对整个欧洲经济具有巨大影响力，而罗斯柴尔德家族也被视为历史上最为成功的商业家族之一。只不过在相当长的时间里，由于其独特的行事风格，该家族似乎总披着一层神秘的面纱。

　　罗斯柴尔德家族的历史可追溯到16世纪。那时，该家族还默默无闻地定居于德国法兰克福的犹太区。直到18世纪时，在梅耶·罗斯柴尔德的努力下，这个古老的家族才开始兴旺发达。

　　出生于1743年的梅耶自小就很聪明，父母把他送到犹太宗教学校学习，希望其长大后当一名拉比。但梅耶对此没有多大兴趣，当父母去世后，他便弃学经商。他先是前往汉诺威银行学习金融实务，20岁时又返回法兰克福，开始做买卖古董和古钱币的生意，同时也兼兑换钱币。由于梅耶总是在自己的店门口放置一个红色的盾牌，于是周围人渐渐就称这个家族为"罗斯柴尔德"（德文中的意思为"红盾"）。

　　当时，欧洲各国的王公贵族们普遍爱好收藏古钱币。梅耶于是便亲自编辑《古钱手册》，并附上详细的解说，然后邮寄给各地的王公贵族们，希望能够借此成为王家指定店。幸运的是，德国诸侯黑森伯爵威廉（Kaiser Wilhelm I）（1743—1821年）同意了他的要求。紧接着，梅耶以近乎赠送的价格，将自己收藏的许多珍贵古代徽章和钱币卖给威廉。不仅如此，他还极力帮助公爵收集古币，并经常为他介绍一些能够使其获得数倍利润的顾客。就这样，双方建立起极为密切的合作关系，而梅耶则迅速成为法兰克福的首富。

那么，黑森伯爵威廉又是怎样的一个角色呢？此人原本是黑森－卡塞尔伯爵弗雷德里克二世的长子，1785年从其父亲那里继承了大笔遗产——这笔遗产在当时大约值3000多万盾，从而成为当时欧洲诸侯中的首富。至于这笔财富的来源，则主要靠出租雇佣兵所得。当英国为了镇压北美独立运动而向黑森伯爵求助时，后者便以高价把自己的军队出租给对方，而他的价码如下：每一名士兵收取基本租金76盾，每受伤一人再加收25盾，每阵亡一人再加收76盾。有资料显示，伯爵父子先后一共向英国出租了16，800名士兵。父亲去世以后，威廉继承了所有财产、领地和爵位，称威廉九世。到1806年，他的总财富已累积到超过4600万盾。

黑森伯爵威廉

在与这位威廉王子结识后，梅耶很快就因其精明能干而受到赏识。1796年，威廉王子同意梅耶直接参与他的大宗买卖。到1806年，梅耶又先后被允许作为中介人参与了11宗王子的大笔贷款交易，甚至还替王子的情妇团理财。梅耶赚得的回扣佣金滚滚而来，最终摆脱了一个犹太街头钱贩子的地位，直至后来其财富超过了他的主人。更巧合的是，一次意外的机会又使得梅耶获得了巨额财富。当时正值拿破仑战争期间，德国境内的许多小诸侯国都曾遭到冲击。为了逃避拿破仑的打击，黑森伯爵威廉也被迫逃亡丹麦。临行之际，这位当时欧洲最富有的诸侯将300万英镑现金交给梅耶保管。正是这笔巨款，使罗斯柴尔德家族一跃成为欧洲第一个国际银行家。在短短的几年间，梅耶利用这笔巨额资金发展自己的业务，

**GROUPE
LCF ROTHSCHILD**

■ 罗斯柴尔德家族的族章与标志

并将触角伸向欧洲各地。值得一提的是，当拿破仑失败后，梅耶便将那300万英镑以及一大笔利息交还给了黑森伯爵。这一举动，又使本已声名显赫的罗斯柴尔德家族身价倍增。

到1812年去世时，梅耶已基本奠定了罗斯柴尔德金融王国的基础。具有独创性的是，他还建立起了一个横跨全欧洲、而且只属于本家族专用的情报传递网。正是这个高效率的情报通讯网，使其家族得以在后来利用信息优势而大发横财。在那个年代，由于罗斯柴尔德家族内部的信息传递系统迅速而可靠，以至于就连英国的维多利亚女王有时也宁愿用他们的信使来传递信件，而不用英国的外交邮袋。

作为一名犹太商人，梅耶还非常注重家族的建设，他所制定的家训便是："只要你们团结一致，你们就所向无敌；你们分手的那天，将是你们失去繁荣的开始。"在去世之前，他还立下了森严的遗嘱，其中包括：所有的家族银行中的要职必须由家族内部人员担任，只有男性家族人员能够参与家族商业活动；家族通婚只能在表亲之间进行；绝对不准对外公布财产情况；在财产继承上，绝对不准律师介入等。为了扩充家族的势力，目光远大的梅耶还把他的五个儿子分别派往欧洲各大城市，从而使家族的商业传奇不断延续。

罗斯柴尔德"五虎"掌控欧洲 >>>>

1804年，梅耶将三儿子内森（Nathan Mayer Rothschild）派往英国伦敦，从而迈出了罗斯柴尔德家族向国外发展的重要一步。内森只身来到伦敦后，起初只是做一些棉布生意，但很快就开始在金融界呼风唤雨了。当时的欧洲正值拿破仑战争，一些德国贵族被迫流亡到了英国，其中就包括罗斯柴尔德家族的世交黑森伯爵威廉。后者为了保护自己的财产，委托内森购买了大批英国的债券，而内森便借机做起了债券和股票生意。他凭借与其父亲一

样的精明和才干，不久便大发横财，成为伦敦金融证券界的巨头。后来，他又不失时机地向英国政府提供巨额军费，与伦敦军政要人建立起了密切的联系。

1814年，当拿破仑与欧洲联军对抗时，由于战局变化无常，导致英国的证券交易很不景气。1815年6月18日，英、法双方在比利时的滑铁卢进行决战，对于这场战役的结果，当时几乎无人能做出准确的预测。而在金融界，这场战役实在是太重要了，因为最终的胜负结果将直接决定英国政府国债的命运。如果英国获胜，那么它的国债的行情就会猛涨；反之，则连英国国家银行都有可能面临破产的危险。可想而知，所有投资者都在等待战役的最终结果，而如果谁的消息更为灵通，谁就可以获得暴利。

梅耶的三儿子内森

这次，罗斯柴尔德家族发达的情报组织充分体现了其价值，他们驻扎于欧洲大陆的信使在第一时间知道了法国战败的消息。随后，报信者立即从荷兰的鹿特丹港乘坐快船，渡过多弗尔海峡到达英国，将消息交到内森手中。内森接到消息后立刻登上马车赶往伦敦，乘英国债券价格尚未上涨之际，大批吃进，结果一下狂赚了几百万英

滑铁卢战役图。借助罗斯柴尔德家族发达的情报组织，滑铁卢战役之后，内森一举成为英国政府最大的债权人，从而控制了英国的金融命脉。

威灵顿公爵

威灵顿公爵（1769—1852），别名"铁公爵"，拿破仑战争时期的英军将领，英国第25、27任首相。1815年在滑铁卢战役率联军击败拿破仑，后成为英国陆军元帅，并获得法国、沙俄、普鲁士、西班牙、葡萄牙和荷兰6国授予元帅军衔，是世界历史上唯一获得7国元帅军衔者，被公认为是19世纪上半叶最具影响力的军事、政治人物。

■ 梅耶的小儿子詹姆斯

镑。令人不可思议的是，他居然比英国政府还早几个小时得到这一消息。滑铁卢战役（The Battle of Waterloo）之后，内森一举成为英国政府最大的债权人，从而控制了英国的金融命脉。

正所谓"虎父无犬子"。与内森一样，梅耶的另四个儿子也几乎全部继承了父亲的优秀品质。内森在英国的成功，更鼓励了梅耶。他先后又将最小的儿子詹姆斯（James Mayer de Rothschild）派到法国，将老二所罗门（Solomon Rothschild）、老四卡尔（Carl Mayer von Rothschild）分别派往奥地利和意大利，让他们在巴黎、维也纳和那不勒斯建立了罗斯柴尔德家族银行的分行，加上大儿子阿姆歇尔（Amschel Mayer von Rothschild）坐镇老家法兰克福，最终形成了一个由罗斯柴尔德"五虎"控制的、当时世界上最庞大的金融和商业帝国。

詹姆斯在拿破仑执政时期，主要来往于伦敦和巴黎之间，建立家族运输网络来走私英国货。在帮助威灵顿公爵运送黄金和国债收购战之后，詹姆斯在法国名声大噪。随后他建立了罗斯柴尔德巴黎银行，并暗地里资助西班牙革命。从1818年的10月开始，罗斯柴尔德家族开始以其雄厚的财力做后盾，在欧洲各大城市悄悄吃进法国债券，使法国债券渐渐升值，然后从11月5日开始，突然在欧洲各地同时放量抛售法国债券，造成了市场的极大恐慌。最终，法国国王路易十八不得不屈尊请求罗斯柴尔德银行挽救局面，而后者也借机控制了法国金融。

在奥地利，老二所罗门则通过权臣梅特涅来从事金融投机。作为梅耶的次子，所罗门在几个兄弟中具有过人的外交才能，他说话用辞考究，巧于恭维。正是因为这个原因，所罗门常年穿梭于欧洲各大城市之间，担任家族各个银行之间的协调角色，进而被弟兄们公推到维也纳开拓欧洲心脏地区的银行业务。在一次欧洲的高端会议上，经梅特涅的左右手金斯引荐，所罗门结识了梅特涅，并很快地与梅特涅成为无话不谈的密友。在所罗门的大力资助之下，梅特涅开始扩展奥地利的影响力，四处

派出军队去问题多发地区"保卫和平"。这使得原本国力日衰的奥地利陷入了更深的债务泥潭，从而更加依赖所罗门的银箱。虽然1814年到1848年的欧洲被称为"梅特涅"的时代，而实际上控制着梅特涅的却是罗斯柴尔德银行。1822年，所罗门、詹姆斯和卡尔三兄弟代表家族与梅特涅、金斯参加了重要的维罗纳会议，会后得到了利益丰厚的项目——资助第一条中欧铁路。正是由于其巨大的影响力，当时曾流传一种说法："奥地利有一个费迪南皇帝和一个所罗门国王。"

而在德国，留守法兰克福的老大阿姆歇尔被任命为德意志的首届财政部长，1822年被奥地利皇帝加封为男爵。法兰克福的罗斯柴尔德银行成为德国金融的中心。

至于老四卡尔，在被派往意大利的那不勒斯建立银行后，他在意大利的表现也超出了其他兄弟预期的水平，不仅资助了梅特涅派往意大利镇压革命的军队，同时以出色的政治手腕迫使意大利当地政府承担了占领军的费用。最终，他逐渐地成为意大利宫廷的财政支柱，影响力遍及意大利半岛。尽管身为犹太人，但卡尔还与梵蒂冈教廷建立了商业往来。而当教皇格里高利十六世（Gregory XVI）见到他时，竟破例伸出手让其亲吻，而不是惯常地伸出脚来。

在此后百余年的时间里，这个家族简直是无所不能，即使那些王公贵族也不得不甘拜下风。例如在1905年时，伦敦的罗斯柴尔德家族甚至比日本驻英国的使馆早两天获得日本海军全歼俄国舰队的消息，因而被时人称为"无所不知的罗斯柴尔德"。1833年，当英国宣布废除奴隶制以后，内森曾一下拿出2000万英镑用以补偿奴隶主的损失，替英国政府解决了一大难题。

梅耶的大儿子阿姆歇尔

知识链接

维罗纳会议

1822年神圣同盟各国为了镇压西班牙革命而召开的会议。1822年10月20日至12月14日，神圣同盟各国在维罗纳召开会议，策划干涉西班牙革命。参加会议的有俄国、奥地利和普鲁士三国君主、意大利各君主、法国外长和英国代表。俄、奥、普、法四国达成协议，授权法国以神圣同盟名义出兵镇压西班牙革命。1823年，法国攻占马德里，西班牙革命失败。

教皇格里高利十六世对罗斯柴尔德家族也另眼相看

161

"我是一个犹太人"

到19世纪中叶，罗斯柴尔德家族除了在各地开办银行，从事证券、股票交易和保险业务外，还投资工商业、铁路和通讯业，后又发展到钢铁、煤炭、石油等行业，这个庞大的金融帝国在欧洲的各个角落都发挥着影响。特别是到该家族的第三代时，这种影响力更是被发挥到了极致。每当发生战争，他们便向各国政府提供军事贷款，战后又为战败国提供赔款。1854年，在克里米亚战争（Crimean War）中，他们为英国提供了1600万英镑的贷款；1871年，他们又拿出了一亿英镑替法国向普鲁士支付巨额战争赔款；即使在大西洋对岸，他们也是内战期间美国联邦财政的主要财源。

当时的罗斯柴尔德家族到底有多富有，通过它帮助英国政府购买苏伊士运河一事我们就可以有所认知。那是在1875年，埃及政府由于资金匮乏，被迫准备将17.7万股苏伊士运河股票卖给法国政府。但是趁火打劫的法国提出的价格太低，于是愤怒的埃及便宣布，愿意以400万英镑的价格卖给其他国家。听到这个消息后，英

罗斯柴尔德家族曾经为克里米亚战争中的英国提供巨额贷款（一）

国人动心了，他们希望借机控制苏伊士运河。遗憾的是，尽管在内阁会议上，英国人一致同意买下这批股票。然而由于当时国会休会，政府无法筹集所需的庞大资金。关键时刻，英国首相狄斯瑞利（Disraeli）向罗斯柴尔德家族在伦敦的负责人列昂内尔求助。经过考虑，后者果断地做出决定，由罗斯柴尔德银行伦敦分行向英国政府提供400万英镑，抢先买下了这批股票。就这样，罗斯柴尔德家族的慷慨使英国控制了苏伊士河，带来了巨大的政治、军事和经济利益，列昂内尔也因此一夜之间成为举国上下敬仰的英雄。

1900年的苏伊士运河。英国政府在19世纪末控制苏伊士运河得力于罗斯柴尔德家族的列昂内尔。

　　尽管数百年来一直在欧洲商界呼风唤雨，但就如果绝大多数犹太商人一样，拥有巨大财富的罗斯柴尔德家族始终没有忘记他们的身份，并处处维护犹太人的利益。据说长期生活在伦敦的列昂内尔就曾自豪地宣称："我有两大荣誉：第一，我是罗斯柴尔德家族的一员；第二，我是一个犹太人"。由于受本民族宗教传统的影响，

罗斯柴尔德家族曾经为克
里米亚战争中的英国提供巨
额贷款（二）

罗斯柴尔德家族下属的公司企业都按犹太教安息日的规矩，在星期六估算，不做任何生意。由于手中拥有巨大的财力，他们还经常通过自己的影响涉足政治，尽力维护犹太人的利益。1820年，为抗议德国一些地区的排犹政策，内森公然宣布不同任何一个拒绝给犹太人公民权的德国城市做生意。1850年，当卡尔借钱给罗马教皇时，所提出的附加条件便是要求拆除罗马的犹太人隔离区。而当沙皇俄国政府迫害和虐待本国犹太人时，罗斯柴尔德家族又宣布坚决不向其贷款。或许是罗斯柴尔德家族的财力太雄厚了，很多欧洲国家都不得不对他们做出让步。例如在1858年，当列昂内尔成为英国下议院议员时，居然获准以犹太教方式而不是以基督教方式举行宣誓。值得一提的是，罗斯柴尔德家族还是早期犹太复国主义运动中重要的一分子。早在20世纪初，该家族在法国的成员爱德蒙男爵就向巴勒斯坦的犹太移民提供了约600万美元的资金。而当英国犹太复国主义组织建立时，担任主席的便是同样出自该家族的沃尔特·罗斯柴尔德勋爵，后者在促使英国政府发表《贝尔福宣言》的过程中发挥了巨大作用。

　　20世纪以来，由于种种复杂的原因，罗斯柴尔德家族在国际金融界的地位已大为下降，取而代之的是摩根家族等更现代化的财团。尽管如此，这个家族仍称得上是历史上最成功的商业家族之一。

倾家荡产的赌博：
亨特家族的白银战争

如果你面前有一堆白花花的银子，你会不会心跳？但是如果面前有一座白银垒起来的小山，你会有什么感觉？对于我们普通人而言，这一切顶多会在梦里出现。然而对于30年前美国的亨特家族来说，要想拥有这座银山简直唾手可得。当时，这个家族直接控制的白银现货一度多达几亿盎司，而每盎司白银的价格是40美元左右。令人不可思议的是，当时全球的白银交易量也不过每年2000万盎司左右！只可惜，他们建立这个"白银帝国"的目的既不是做首饰，也不是开钱庄，而是为了投机。野心勃勃而又贪得无厌的他们，居然赌博般地试图控制整个世界的白银市场，结果却引起了所有人的愤怒，最终落得个倾家荡产的下场。

不可思议指数：★★★★★

石油家族的"富二代"

亨特家族的创始人 H.L. 亨特

H.L. 亨特及其夫人

在 20 世纪 70 年代的美国，提起亨特家族，几乎是无人不知、无人不晓。当时，整个家族堪称世界上最富有的家族之一。说起来，亨特家族的发迹实属不易，原本也是一步一步拼出来的。该家族的创始人 H.L. 亨特（H.L. Hunt）1889 年出生于农村，其父母经营农场，家境比较富裕，但他从小就没有接受过正规教育。1912 年，23 岁的亨特开始在阿肯色州经营棉花种植园。第一次世界大战中，由于农产品价格大幅上涨，亨特因此赚到了第一桶金。后来，资金逐渐雄厚的亨特开始投身石油产业。1950 年，他组建了亨特石油公司，但是坚持完全家族化的经营模式，决不对外发行股票。为管理好这份家业，亨特精心培养自己的 14 个孩子，而其中成为商界佼佼者的当属尼尔森·亨特（Nelson Hunt）和威廉·亨特（William Hunt）。根据 1957 年《财富》杂志的估计，当时 H.L. 亨特拥有 4 亿到 7 亿美元的财富，是美国最富有的 8 个人之一。不过老亨特肯定不会想到，正所谓"虎父无犬子"，他的儿子们在将 20 年后掀起一场惊天波澜，把整个世界都搅得天翻地覆。

就像美国许多商业家族的子女一样，亨特家族的第二代成员个个都不是善茬儿。或许是继承了父辈冒险精神的缘故，第二

代亨特家族成员并没有坐享其成，而是到
处寻找新的投资机会，并大多取得了显赫
成就：尼尔森·亨特致力于开发利比亚油
田；卡罗琳·亨特开设了酒店和旅馆集团，
自己担任董事长；拉马·亨特参与组建了
北美橄榄球联盟和北美英式足球联盟，并
将一年一度的橄榄球总决赛命名为"超级
碗"；斯万尼·亨特则曾经担任美国驻奥
地利大使，并在哈佛大学肯尼迪政府学院
任教。

　　1974 年，度过传奇一生的老亨特去世，
不过这个家族的传奇仍在继续。作为家族
内的活跃分子，尼尔森和威廉兄弟开始不
满足于父辈的那种赚钱方式。无论是开采
石油还是盖酒店，他们都觉得来钱太慢了，
特别是一些意外事件的发生，更刺激了他
们的神经。原来，亨特家族曾在利比亚控
制了大片油田，然而到 1973 年 5 月，由于
利比亚总统卡扎菲宣布将利比亚境内的所
有外国石油产业收归国有，亨特家族的巨
额投资都打了水漂。实际上如果没有这个
意外的话，他们在利比亚的油田将产生 40
亿美元以上的利润！这一巨大变故，沉重
地打击了亨特兄弟对传统业务的兴趣，而
他们天性中的赌博因子却迅速被激活了。
经过商议，兄弟二人一拍即合，决定大规
模从事投机生意。

　　作为老亨特最有商业头脑的儿子之一，
尼尔森曾担任"亨特钻探与采矿公司"的

生意场上的老亨特

期货交易

所谓期货，一般指期货合约，就是指由期货交易所统一制定的、规定在将来某一特定的时间和地点交割一定数量标的物的标准化合约。这个标的物，又叫基础资产，对期货合约所对应的现货，可以是某种商品，如铜或原油，也可以是某个金融工具，如外汇、债券，还可以是某个金融指标。其交易原理为：买进一定敲定价格的看涨期权，在支付一笔很少权利金后，便可享有买入相关期货的权利。一旦价格果真上涨，便履行看涨期权，以低价获得期货多头，然后按上涨的价格水平高价卖出相关期货合约，获得差价利润，在弥补支付的权利金后还有盈余。期货交易的最大特点是以小博大，只需缴纳5~10%的履约保证金就能完成数倍乃至数十倍的合约交易。交易者可以用少量的资金进行大宗的买卖，节省大量的流动资金。

董事长，负责在世界各地开采新的石油资源，其中包括在利比亚和英国北海的利润丰厚的新油田。除了开采石油之外，尼尔森还有一项带有赌博色彩的爱好——赛马。从1955年开始，他买下了自己的第一批良种马，并予以悉心照料，培育他们参加美国和欧洲的良种马比赛。1973年和1974年，尼尔森的赛马两次赢得英国平地赛马冠军称号。1976年，尼尔森的赛马又赢得了英国德比大赛的冠军。可以毫不夸张地说，在整个20世纪70年代，尼尔森的养马活动是全世界规模最大的之一，而且培育出了数量最多的名马。不过令人遗憾的是，赛马场上的成功可能给了尼尔森太多激情，导致他将激情投向了另一项更大的赌博事业——期货交易。但是不要忘记，虽然二者性质类似，赛马在西方被视为身份和地位的象征，期货交易却一直被视为投机商人和违法分子的游戏。尼尔森非常清楚：期货可以以很低的成本，带来很大的盈利机会。既然如此，何不利用手中的巨额财富再赚一笔呢？

20世纪70年代的投机市场远没有今天这样发达，交易最活跃的无非就是一些普通农产品，诸如小麦、大豆、玉米、鸡蛋甚至洋葱之类。如果听到下面这些当时期货市场上的故事，你可能觉得非常可笑：从1952年到1955年，在几个大洋葱种植商的囤积之下，洋葱期货合约价格先是翻了一倍多，然后又跌到最高价的1/30，简直是骇人听闻。为了缓和民众的不安情绪，美国国会只好立法禁止洋葱期货交易，此事也成为了美国金融史上的一个笑柄。20世纪60年代，又爆发了所谓"植物油丑闻"，一个植物油出口商大量买进植物油期货并伪造贸易信用证的投机行为差点导致美国运通银行倒闭，美国植物油价格也随之波动不止，此人最终被捕入狱。当然，出身豪门家族的尼尔森是不会对洋葱感兴趣的，对于他来说，要玩就玩大的。为了验证一下自己的手气，他先是炒了一把大豆期货。

在 20 世纪 70 年代前期，大豆是美国最重要的出口商品之一。它不但广泛用于饲料和食用油生产，还是美国人餐桌上的重要成员。1973 年夏天，对大豆的高涨需求甚至使大豆现货断货，政府被迫暂停大豆出口。于是，尼尔森开始利用整个家族的力量进行大豆投机。尽管当时美国的大豆市场总价值高达 100 亿美元左右，但野心勃勃的

老亨特夫人和他的儿子们

尼尔森和弟弟威廉仍以不信邪的态度开始了大豆投机。他们以家族成员的名义设立了许多交易账户，开足马力买进大豆期货合约。不到一年之内，由亨特家族控制的大豆期货已经达到 2400 万蒲式耳（1 蒲式耳大豆 = 27.100 公斤），占当时所有大豆期货合约数量的 40%！在他们的忽悠下，许多普通期货交易者也纷纷投身大豆市场。到 1977 年，大豆期货的交易量居然占据了芝加哥交易委员会（ Chicago Board of Trade，简称 CBOT ）总交易量的 50%，而大豆期货价格也从一年前的 5.15 美元上涨到高峰时期的 10.30 美元，整整翻了一倍！

最终，忍无可忍的芝加哥交易委员会和美国商品期货交易委员会（（ Commodity Futures Trading Commission，简称 CFTC ）决定对亨特兄弟提起诉讼。然而就在官司进行期间，亨特家族已暗地里地卖出了所有大豆期货。按照粗略估计，他们的盈利可能超过 1 亿美元，相当于一个大型炼油厂几年的利润。更令人气愤的是，尽管美国商品期货委员会声称亨特家族违法了管理条例，但是由于拿不出任何过硬的证据，法庭最终仍不得不宣布亨特家族无罪。

初战告捷后，亨特兄弟便对期货投机情有独钟，对其他任何商业领域都失去兴趣了。既然大豆都能带来如此高额的回报，那为什么不试试筹码更大的投机呢？经过考虑，他们最终将目标锁定在了白银期货上。

"白银帝国" ▶▶▶

千百年来，在我们中国人的心目中，白银一直是财富的最佳代名词，甚至超过了黄金，我们至今常用白花花的银子来形容令人垂涎的财富。实际上，在世界范围内，白银也曾与黄金一样扮演过金融领域内的重要角色。

从物理的角度讲，白银的性质虽不如黄金，却比铜、铝等有色金属身价高。它不但可以被加工成装饰品，在工业时代还被广泛地用作各种电子电气原材料。在金融领域，白银的地位同样不如黄金，但在 20 世纪 60 年代后，随着各国先后放弃金本位制，白银也和黄金一样，价格可以按照市场规律波动了，而这也给亨特之类的投机分子提供了可乘之机。在大豆期货获利之后，亨特家族便把大部分精力用于对白银现货和期货的炒作，而且他们这次还找到了可靠的战略投资者，作为其垄断国际白银市场的盟友。

如前所说，20 世纪 70 年代初起，由于美国政府放宽了对白银的管制，后者的价格也迅速上涨至 2 美元，不过总体来看，受投资观念的影像，包括黄金在内的贵金属当时的价格都处于低位。

野心勃勃而又贪得无厌的投机商尼尔森·亨特，掀起了一场白银战争。

实际上早在完成大豆期货投机之前的 1973 年，尼尔森就开始在中东购买白银现货，同时在纽约和芝加哥的期货市场上买进白银期货。到这年底，亨特家族已经购买了价值 2000 万美元的白银现货，并以每盎司 2.9 美元的成本购买了 3500 万盎司的白银期货，从而使他们成为全世界最大的白银持有人之一。令他们得意的是，市场上很快出现了白银严重短缺的局面。由于白银生产商无法立即扩大产量，结果导致价格进一步攀升。许多交易商眼看有利可图，也纷纷跟进白银期货市场，结果在仅仅两个月之内，就把白银价格提高到每盎司 6.7 美元，涨幅接近 130%！

为了进一步扩大对白银市场对控制，亨特家族又决定借助外来的战略投资者。接着，尼尔森把目光投向中东富得流油的沙特王室，后者与他们的关系一向密切。为了获得支持，他大肆吹嘘白银的投资价值和自己操纵市场的能力，结果吸引了来自沙特的大笔投资。

光彩夺目的银锭，亨特家族真的可以独家垄断吗？

1976 年夏天，白银价格涨到每盎司 4.3 美元左右。随着时间的推移，亨特家族囤积的白银已经达到了惊人的数字，而且买进的规模也越来越大。到了 1970 年代末期，尼尔森直接控制的白银现货可能达到几亿盎司，足以让任何一个国家的中央银行颤抖！与此同时，由于黄金价格飞涨，白银的价格进一步涨到了每盎司 11 美元左右。经过六年多的囤积，亨特终于决定打出手中的牌了。

1979 年夏天，尼尔森通过其控制的"国际金属投资公司"，向纽约和芝加哥的期货交易所下达了累计 4000 万盎司的买入指令。"国际金属投资公司"实际上只有两组股东，第一组是亨特家族，第二组是沙特的王子和巨富。经过调查，社会各界很快都知道是亨特家族在炒卖白银了。然而令人遗憾的是，这一消息传开后，白银的价格反而继续飞涨，甚至许多小投机者也盲目涌进了市场。随着投机者的不断涌入，白银的价格日趋疯狂：先从 11 美元涨到 20 美元，然后是 30 美元，到 1979 年底竟一举突破 40 美元！而此时，亨特家族已操纵了纽约商品交易所 53% 的白银期货合约和芝加哥交易委员会 69% 的白银期货合约，总共掌握着 1.2 亿盎司的现货和 5000 万盎司的期货——这还不包括那些沙特阿拉伯投资者以个人名义持有的白银。要知道，当时全球白银交易量也不过每年 2000 万盎司左右！不过正所谓众怒难犯，金融圈的其他重量级人物也不是好惹的，他们决定采取措施教训教训不可一世的亨特家族。芝加哥交易委员会最大的谷物交易商就曾愤怒地宣称："我们宁愿让白银市场倒闭，也不愿意看到它被垄断。" 而珠宝界巨头蒂芙尼公司（Tiffany & Co.）则在《纽约时报》上破口大骂："我们认为囤积好几十亿美元白银的人是丧尽天良的。"

蒂芙尼公司

蒂芙尼公司是一间美国珠宝和银饰公司。创立于 1837 年，查尔斯·蒂芙尼为创始人之一。当时的公司只是一间专门销售时尚商品的精品店。1853 年查尔斯·蒂芙尼掌握了公司的控制权，将公司名称简化为"蒂芙尼公司"（Tiffany & Co），从此确立了以珠宝业为经营重点。此后，蒂芙尼逐渐在全球各大城市建立分店。蒂芙尼制定了一套自己的宝石、铂金标准，并被美国美国政府采纳为官方标准。时至今日，蒂芙尼是全球知名的奢侈品公司之一。

蒂芙尼的标志色为蒂芙尼蓝(Tiffany Blue)，象征其独特的品质和工艺，而蒂芙尼蓝色礼盒(Tiffany Blue Box)更成为美国洗练时尚独特风格的标志。

最后的赌博 ▶▶▶▶

　　亨特家族没有想到，他们一手掀起的投机狂潮终于吞噬了他们自己。眼看银价一路飙升，全世界的白银生产厂商为此兴奋不已，他们迅速开启了寻找新银矿的计划，许多早已关闭的银矿又重新开采。美国和欧洲的普通居民也对银价上涨感到惊喜不已，他们纷纷翻箱倒柜找出祖传的银质茶器和装饰品，凡是有白银作为原材料的器物，都毫不犹豫地送去熔炼，制作成标准银块到市场上卖出。一时之间，市场上的白银供给骤然增加，而亨特家族垄断白银价格的企图则受到了挑战。道理很简单，他们总不可能买下全世界的白银吧？只是由于当时美国金融制度的漏洞，亨特家族的美梦又多做了一段时间。

　　到 1980 年 1 月，白银价格上涨到 48 美元，并且向 50 美元攀升。不过亨特家族也感到了沉重的压力，因为白银的价格太高了，亨特家族掌握的资本已经很难继续拉升价格。为了维持对白银市场的垄断，尼尔森被迫向美国的几家大银行高息借贷，平均利息高达 19%。而不怀好意的华尔街投资银行也大量贷款给亨特家族，使他们暂时能够继续玩操纵市场的游戏。根据美国商品交易委员会的调查，在1979年冬天，亨特家族掌握的白银期货合约总价值已经高达30亿美元；到了1980年1月可能超过50亿美元！只是这场赌博玩得太大了。就在1979年底到1980年初的2个多月之内，亨特家族所欠的贷款就多达两亿多美元，每月的利息就要花费几百万美元。然而已经丧失理智的赌徒仍不愿收手。1980年1月21日，白银涨到每盎司50.35美元，短短一年内竟上涨了8倍！

就在此时，更高明的旁观者终于出手结束这场游戏了。经过严肃讨论，芝加哥交易委员会决定将白银合约保证金由1000美元提高到6000美元，这意味着亨特家族必须补充大量的资本。不久，刚刚上任的美联储主席沃尔克（Paul Volcker）为了遏制通货膨胀，决定大幅度紧缩银根，提高贷款的难度。这时，几乎所有人都知道，身背巨额债务的亨特家族早已无法维持表面的风光了，他们的崩溃只是时间问题。唯一幸运的是，华尔街的经纪商们可不愿看到亨特家族破产，因为那样将使他们事先垫付的保证金打水漂儿。但是，由于亨特家族态度强硬，死不悔改，纽约商品交易所（New York Mercantile Exchange）终于失去了耐心。

1980年3月25日，白银价格出现大幅度下跌，按照规定，亨特家族应该补缴大量的保证金。真是屋漏偏又逢下雨，银行这时又打电话给尼尔森，要求他立即补缴保证金，并归还1.35亿美元的借款，否则将强行卖掉亨特家族的白银期货。这样一来，摆在尼尔森面前的道

纽约商品交易所大楼

疯狂的纽约商品交易所

路只剩下一条——出卖家族产业以筹集资金，归还欠款。3 月 27 日，银行开始在市场上强行出售亨特家族的白银期货，其他华尔街经纪商也纷纷跟进。终于，白银价格崩溃了，而亨特家族也崩溃了。令人不可思议的是，这一天中午时，银价居然跌到了 10 美元的低点！

对于亨特家族来说，除了欠经纪人保证金之外，还得偿还银行和金属交易商累计借贷 8 到 10 亿美元的欠款。无奈之下，他们只得通过卖出手头的原油、汽油等存货，再加上在市场上被抛出的白银期货，总价值大约是 4 亿美元，但仍然无法清偿借款。令人哭笑不得的是，亨特家族此时竟玩起了无赖。正如马克·吐温曾经说过的："如果你欠银行 1 美元，那么你将有麻烦；如果你欠银行 100 万美元，那么银行将有麻烦。"既然欠了这么多债，亨特家族的赌徒反而心安理得了。

尼尔森不愧是江湖老手。灾难面前，他和弟弟威廉飞到华盛顿，会晤了美国财政部的高官，请求财政部和美联储牵头，向亨特家族提供巨额长期贷款。尼尔森甚至暗示说，如果美国政府不出面挽救亨特家族，那么亨特家族将抛售手头剩余的 6300 万盎司白银，彻底摧毁市场信心，并把各大银行一起拉下水。最终，美联储主席沃尔克决定与亨特家族妥协。沃尔克说服美国各大银行组成集团，向亨特家族提供价值 11 亿美元的长期贷款。作为代价，亨特家族拱手让出了许多油田和炼油厂的股权，并且把亨特家族最成功的企业——普拉斯德石油公司（Placid Oil Company）抵押给银行集团。沃尔克允许亨特家族在财务状况好转之后赎回普拉斯德石油公司，但警告他们在此前不得再进行任何期货投机活动。

如果故事就此结束，亨特家族也未免太幸运了。1981 年以后，随着白银产量的扩大，白银期货和现货价格不断下跌，亨特家族手中剩余的几千万盎司白银大幅度贬值，财政状况更加恶劣。1987 年，走投无路的尼尔森和亨特被迫申请破产保护，并且卖掉了他的所有赛马。昔日的石油富豪，终于落得个一文不名的下场。

十七

拯救美国：
J·P·摩根的财富传奇

在许多人眼中，美国这片土地真是一个实现梦想和缔造传奇的国度。比尔·盖茨，这个曾经的世界首富可以说是美国梦的典型代表。不过在美国历史上，像比尔·盖茨这样的人物还有很多很多。下面要提到的这位，恐怕连比尔·盖茨也会自愧不如。因为在近年美国遭遇金融危机时，比尔·盖茨都没敢拍着胸脯向奥巴马保证不会有事。然而在100年前，美国同样遭遇一次可怕的金融危机时，由于华尔街巨头J·P·摩根出手相救，竟使这场危机很快被就化解了。试问，这样的人物，当今世界能找出一位来吗？

不可思议指数：★★★★★

全世界的债主 ▶▶▶

美国金融巨头 J·P·摩根

　　J·P·摩根（J.P.Morgan），美国历史上最著名的金融巨头，被很多人称为"华尔街的拿破仑"。当他创立美国钢铁公司时，公司的原始资本竟相当于当时美国联邦政府四年的财政支出。而他一生中最辉煌的传奇，当属 1907 年以个人之力拯救了美国金融危机。

　　1837 年 4 月 17 日，J·P·摩根出生在美国康涅狄格州哈特福德城一个富有的商人家庭。从其祖父约瑟夫到父亲 J·S·摩根，摩根家族经商都很成功。也许正是因为这种特殊的家庭熏陶，摩根从小就显示出过人的经商才能，尤其在投机方面具备超常的判断力。还在年轻时，有一次摩根到新奥尔良旅行，偶然在当地码头遇到一位陌生人，后者自称是往来于巴西和美国之间的咖啡货船船长，受委托到巴西运回了一船咖啡，谁知美国的买主破了产，只好自己推销。为尽快出手，他愿意半价出售。尽管素不相识，但富于冒险精神的摩根毅然买下了咖啡。就在他买下这批货不久，由于气候原因，巴西咖啡大量减产，致使价格猛涨了好几倍，而摩根也就此掘到了人生中的"第一桶金"。随后，受到父亲赏识的摩根先是前往德国读大学，毕业后便创立了自己的商行。

　　1862 年，适逢美国南北战争爆发。在一次与朋友的闲聊中，摩根听说北方军队伤亡惨重，凭借敏锐的嗅觉，他决定大量买进黄金汇到伦敦去，进而通过造成市场恐慌来促使金价狂涨，最后自己从中牟利。一番精心策划后，他先秘密地买下 400—500 万美元的黄金，将其中一半汇往伦敦，另一半留下，然后故意把自己往伦敦汇黄金的事泄露出去。果然如其所料，纽约和伦敦的黄金价格一路飞涨，而摩根则由此大赚了一笔。整个南北战争期间，摩根不断上演类似的好戏，一举成为当时美国"先富起来"的少数人。随后几十年间，经过一系列大动作，摩根又不断将自己的势力渗透入铁路、钢铁等行业。他先是战胜钢铁大王卡内基（Andrew Carnegie），以 4 亿美元收购其公司，于 1901 年成立美国钢铁公司。紧接着，他又与石油大王洛克菲勒展开 PK，斥资 7500 万美元购买了对手的一部分地盘。从此，华尔街的同行给摩根起了一个新绰号"朱庇特"——罗马神话中的众神之主。

1871 年，刚刚经历普法战争的法国陷入混乱，经济上也濒临崩溃。无奈之下，临时政府首脑梯也尔向摩根家族求助，希望后者购买 5000 万美元的法国国债。千万别小看这个数字，要知道，当年美国从法国手中购买路易斯安那时才花了 1500 万美元！经过摩根父子二人的策划，他们最终承购了这笔法国国债，并成功地将其在美国消化掉。1898 年美西战争爆发后，美国的邻国墨西哥政府由于无力偿还西班牙政府的旧债，已到了破产的边缘，最终被迫发行 1.1 亿美元的公债。危难之际，又是摩根果断出手挽救了墨西哥政府。几乎就在同一时期，陷入经济危机的阿根廷也是靠摩根购买了 7500 万美元公债后获得喘息之机的。不过最令摩根自豪的是，就连一向傲慢的大英帝国也曾向他求援。原来在 1899 年第二次布尔战争（Second Boer War）期间，处境艰难的英国政府一度陷入财政危机。当英国人向摩根求援时，后者毫不犹豫地购买了价值达 1.8 亿美元的英国政府公债。经过如此多的大手笔，到 20 世纪初，摩根俨然已经成为世界的债主。

知识链接

第二次布尔战争

布尔战争是英国人和布尔人之间为了争夺南非殖民地而展开的战争。荷兰殖民者于 17 世纪来到南非，他们和葡萄牙、法国殖民者的后裔被称为布尔人。19 世纪晚期，南非发现世界上最大的钻石矿和金矿。英国殖民者觊觎这些宝藏，于 1899 年 8 月与布尔人爆发战争。历史上一共有两次布尔战争，第一次布尔战争发生在 1880 年至 1881 年，第二次布尔战争发生在 1899 年至 1902 年。1899 年 10 月 11 日，第二次布尔战争正式爆发，布尔民军向南部非洲英军主动发起攻击。为征服仅有数 10 万人口的布尔人，英国先后投入 40 多万兵力（共阵亡 22000 人），战争持续了三年多。

第二次布尔战争图。战争期间，依靠摩根的支助，英国政府才渡过财政危机。

1907 年，美国的"救命恩人 ▶▶▶

美国前总统西奥多·罗斯福

就在 1901 年摩根以创纪录的天价收购卡内基的钢铁公司后，他遇到了第一个打击。当时，刚刚成为美国总统的西奥多·罗斯福（Theodore Roosevelt, Jr.）开始致力于打击垄断，因此树大招风的摩根财团自然成为关注对象。果然在 1904 年时，美国最高法院判决摩根财团旗下的北方证券公司违反"反托拉斯法"，强行解散了该公司。一时之间，社会舆论对摩根也颇多微词，将其看作为富不仁的代表。然而时隔不久，当一场金融危机扫荡华尔街时，摩根的表现却让整个美国都对其刮目相看。

在美国近代历史上，由于体制等方面所存在的种种漏洞，曾多次引发严重的经济危机，其中 1907 的金融危机便是一次典型的事件。令人意想不到的是，由于个别人士的努力，这次金融危机居然得以迅速化解，没有像以往那样造成巨大的社会灾难。而创造这一奇迹的，正是赫赫有名的摩根。

众所周知，在 20 世纪 30 年代之前，经济危机向来是美国社会的常客，几乎每隔一段时间便会光顾。自独立后 100 多年间，由于这个国家一直实施散漫的自由金融主义，甚至没有统一的中央银行，使整个货币系统缺乏弹性。而美国的金融资本一向投机性极强，过度投机和僵化的货币政策的联合作用，使美国总是周期性地、不可避免地爆发经济危机，比如在 1837 年、1857 年、1873 年、1884 年和 1893 年，都曾先后出现过严重的泡沫经济现象。到 1907 年，由于闲散资本过剩，金融投机盛行，美国的资本市场再次面临危险的局面。当时也有一些经济学家向公众发出警告，如著名银行家保罗·伯格曼就明确指出美国的银行系统存在致命缺陷；另一位金融巨头雅各布·希夫也宣称："除非我们拥有一个足以控制信用资源的中央银行，否则我们将经历一场前所未有而且影响深远的金融危机。"有趣的是，面对这些警告，从 1907 年初开始，华尔街似乎就一直提心吊胆地等待崩溃的来临。然而尽管如此，几乎所有市场参与者仍怀着侥幸心理继续投机。据估计，作为美国金融中心的纽约，当时已集中了全国大部分的资金，而它们的贷款，竟有一半是靠证券做担保物的。

　　这年 3 月底时，纽约股市突然出现了令人恐慌的抛售。当洛克菲勒、雅各布、哈里曼等金融巨头提议聚集一笔资金来稳定股价时，远在伦敦的摩根因厌恶证券交易而一口回绝。不过有意思的是，由于谣传说老摩根准备出手救市，股市竟在第二天就回升了，从而平息了这次短暂的危机。不过很快，最令人担心的时刻仍如期而至。

　　进入 10 月中旬，纽约突然开始广泛传言美国第三大信托公司尼克伯克即将破产，流言像病毒一般迅速传染开来。结果，惊恐万状的市民在各个信托公司门口彻夜排队，等候取出他们的存款。而另一方面，银行则要求信托公司立即还贷，受到两面催款

1907 年的华尔街陷入一阵恐慌。

具有传奇经历的摩根，几乎以一己之力拯救了经济危机中的美国。

的信托公司只好向股票市场借钱，借款利息一下冲到150%的天价。10月21日，在各种利空消息的影响下，华尔街股价已跌到了1893年萧条以来的最低点。到10月24日，股市交易几乎陷于停盘状态。这时，几乎所有人都希望出现一位救世主来拯救美国经济。

危急关头，摩根于21日迅速返回纽约，他对同行的朋友说："他们在纽约遇到麻烦了，不知道该怎么办。我也不知道，但我必须回去。"随后，这位已处于半退休状态的金融巨头显示了其无可比拟的魄力。抵达纽约的第二天早晨，他已经成立了一个由年轻银行家组成的委员会。当天晚上，当时的财政部长克特柳向摩根做了合作的保证，并将2500万美元的政府基金交由摩根掌管。就这样，摩根一个人承担起了拯救国家金融危机的重任。23日，摩根把各信托公司的总裁召集到了一起，敦促他们组成救援小组。由于摩根的介入，拯救行动开始紧张有序地进行起来。在摩根的领导下，他们顶住了长达两个星期、蔓延全纽约的挤兑风潮；提供了避免纽约证券交易所关闭所需要的周转资金，挽救了纽约市的财政；并使互不信任的信托公司达成协议，成功筹措到一笔资金，以保护相对较弱的信托公司。

11月2日，星期六，摩根用筹集的4500万美元买下田纳西矿业和制铁公司的债权，又于11月3日星期天晚上派人星夜赶往华盛顿，最终拿到了罗斯福总统的批准，而此时距星期一股市开盘仅仅5分钟！到11月4日，随着市场信心的重新树立，纽约股市终于开始回升。就这样，一场本有可能席卷全国的金融危机竟然戏剧性地被化解了。

"银行家的银行家"

作为美国历史上最著名的金融巨头，摩根一生做了无数影响巨大的事情。毫无疑问，由于其金融寡头的本质，他的一些所作所为也招致各种非议。据说仅仅由于他那可怕的大鼻子和凶狠的目光，在当时美国的漫画里，具有讽刺意味的"华尔街资本主义大佬"几乎就是按摩根的形象来制作的。不过在 1907 年的金融危机中，摩根却几乎以个人之力拯救了美国。尤其值得一提的是，在处理危机期间，他不顾自己已经 70 高龄，且患有重感冒，一天工作 19 个小时，同数以百计的各色人等谈判，协调银行、信托公司、经纪行、证券交易所乃至政府之间互相冲突的利益，最终使之形成一种合力，挽救了危机，使损失降到了最小。虽然后来有许多人指责他趁机为自己捞取好处，扩大了其已经十分庞大的金融帝国，但他对美国社会的影响，却由于处理这次危机中的杰出表现而达到了顶峰，以至于当时甚至有人将其誉为"华尔街的拿破仑"。

在经历了 1907 年危机后，美国政府也彻底认识到本国金融体制存在的致命缺陷。虽然当时有像老摩根这样的金融巨头挺身而出，但绝不可能永远指望类似的拯救行动，而必须要有制度上的保证。由此，美国终于走上了金融系统改革的道路。而这次具有里程碑意义的改革，同样与老摩根有着密切的关系。

1910 年 11 月，在佐治亚州的哲基尔岛，经过一次绝密会议的筹划，一份名为《联邦储备法案》的重要文件终于出笼了，而在与会的七人中，就有三人来自摩根财团。1912 年，著名的美国

老摩根的住宅

联邦储备局（Federal Reserve Board, FED）终于成立了。因此可以说，摩根又是该机构的幕后推动者。从此后，美国的金融体制才逐渐走上正规，有效地避免了许多金融危机。到 1912 年，摩根财团已控制了 13 家金融机构，合计资产总额 30.4 亿美元，称雄于美国金融界，以至于华尔街的金融界人士都称摩根为"银行家的银行家"。

在完成了这一历史壮举以后，摩根的个人传奇也行将结束了。进入 1913 年，摩根的身体渐渐不行了，他经常感到异常疲倦、毫无食欲。医生认为这是过度疲劳引起，建议他去度假。1913 年 1 月 7 日，摩根乘船前往开罗。出发前，他悄悄立下了遗嘱："把我埋在哈特福德，葬礼在纽约的圣·乔治教堂举行。不要演说，也不要人给我吊丧，我只希望静静地听黑人歌手亨利·巴雷独唱。"旅行途中，摩根体力迅速衰减。在从开罗回航途中，摩根处于病危状态。弥留之际，他说的最后一句话是："啊，我要爬上山了。"他的去世，也宣告了一个时代的结束，因为从此再也没有哪个人能对美国经济产生如此重大的影响。正如当时的评论所感慨的："国王死了，国王万岁"。

■著名的美国联邦储备局，就是在摩根的推动下建立起来的。

经过一生的奋斗，摩根创建了一个庞大的金融帝国。到 20 世纪 30 年代，摩根财团所控制的大银行、大企业的资产总额竟占当时美国八大财团的 50％以上。时至今日，摩根财团仍占有全美金融资本的 33％，总值近 200 亿美元！另外还有 125 亿美元的保险资产，占全美保险业的 65％，据估计，摩根财团的总资产高达 740 亿美元，相当于全美所有企业资本的 1/4。

买下美国：
20 世纪 80 年代的日本神话

如果关注时事的话，近一两年来，你是否经常听到关于人民币升值的话题？在国际金融危机的大背景下，以美国为代表的西方国家，频频向中国施加压力，要求人民币升值。你可能会想，如果我们手头的钞票一下子升值了好几倍，这难道不是好事嘛？我们干吗要严词拒绝？下面，跟你讲一个故事，一个发生在日本身上的故事，一个值得我们借鉴的故事。读完这段故事，你就会明白美国人的用心是何等险恶了。

不可思议指数：★★★★★

日元升值了！ ▶▶▶

作为世界上最发达的资本主义国家之一，日本几十年来的经济奇迹令人瞩目。的确，这个资源贫乏、国土狭小的岛国，在经历了第二次世界大战的惨败后，居然能在废墟上迅速崛起，创造了人类历史上最著名的经济奇迹，着实令人吃惊。可以说，在历史上，从来没有一个国家像日本在 1953—1973 年那样迅速实现经济的转型。在短短 20 年里，日本从一个大型的农业经济国转型为世界上最大的钢铁和汽车出口国，东京成为全球最大、最充满活力的国际都会。以至于在 1969 年，未来学家赫尔曼·卡恩（Herman Kahn）在《即将出现的超级强国》一书中预测，日本将在 2000 年成为世界第一经济大国。卡恩先生并非盲目乐观，因为他的预测几乎就完全应验了。

20 世纪 70 年代以后，日本经济进入了稳定的高速发展时期。当时，欧美经济由于受到石油危机等因素的影响，遭到沉重的打击，而日本却顺利地进行了产业调整，其工业产品在国际上的竞争力空前提高，出口大幅增加。当时，美国的许多行业受到了来自日本的冲击，这引发了不小的社会恐慌。据报道，在美国老牌汽车城底特律，失业的工人们由于憎恨日本汽车的冲击，曾捣毁并焚烧日本汽车泄愤。但是，似乎全世界都无力阻挡日本经济发展的脚步。1985 年，日本已取代美国成为世界上最大的债权国。

多年以来，无论是在政治、军事还是经济方面，美国人都习惯以"老大"自居。面对日本经济咄咄逼人的势头，从尼克松政府开始，美国就试图采取某种方式来恢复美国经济的竞争力，降低对日贸易的巨额赤字。尤其是到里根政府时，这种势头日趋猛烈，导致两国间的贸易摩擦频频发生。于是，美国许多大企业主、经济学家以及国会议员纷纷游说政府，要求白宫拿出办法进行干预，而里根政府也寄希望于利用汇率这一途径来解决问题。于是，用心险恶的美国人便图谋通过美元贬值来增加产品的出口竞争

未来学家赫尔曼·卡恩

力，以改善本国国际收支不平衡的状况。为了解决自己的问题，美老大又拉来众多小兄弟和老伙伴共同商议。

经过一番妥协与谈判，1985 年 9 月 22 日，在美国极力鼓动下，英、法、美、日、西德五国财长与中央银行行长，在美国纽约广场饭店（Plaza Hotel）签订了著名的"广场协议"（Plaza Accord）。该协议决定：将美元对世界其他主要货币的比率在两年内贬值 30%，以此逼迫日元升值。此后，受汇率的影响，日元开始迅速不断升值，时间长达 10 年之久。从 1985 年到 1996 年的 10 年间，日元兑美元的比率由 250：1 骤升至 87：1，升值将近 3 倍。这次日元升值某种程度上削弱了日本经济的国际竞争力，不过到 1986 年 12 月，当美元汇率基本稳定后，日本经济又持续了四年多的上升势头。遗憾的是，对于当时美国人的阴谋，普通日本人是很难认清的。当他们为手中的钞票陡然升值而喜出望外时，却不知自己正一步步掉入人家的陷阱。

由美国人操纵的"广场协议"，逼使日元升值。

美国纽约广场饭店

东京"等于"美国

　　许多事情的发展总是充满了戏剧性。在日元被迫升值的初期，美国人的阴谋并没有迅速显示出效果。事实上，有那么一阵子，日本人兴高采烈，而美国人却唉声叹气。因为"广场协议"签订后，本想以此抑制日本经济发展的美国却一度陷入恐慌。由于协议造成美元贬值，日元升值，因此出现了日本人在全世界的资本输出热潮。据统计，从 1986 年到 1991 年，日本的海外投资总额竟达 4000 亿美元，成为全球最大的对外直接投资国。另一方面，由于日元升值出口受挫，日本大量过剩资本流向非生产领域和海外市场。在这一过程中，美国成了日本的主要目标。1985 年后，日本企业开始大量购买美国企业，或在美国开设工厂。突如其来的大量日本资本，迅速涌入美国的各个领域和角落，无论是工业、房地产还是文化等产业，都能看到日本人活跃的身影。

　　当时在夏威夷，每到旅游旺季，各大宾馆近半数的客人都是日本人。1988 年，有一位神秘的日本富翁，在短短的一年时间内，就投入 1.5 亿美元，在美国购买了 178 套高级住宅。这只是日本人

■1000 日元纸币。

对美国地产业冲击波中的小插曲之一。不久，日本著名三菱公司投资 14 亿美元购买了坐落在纽约曼哈顿闹市的洛克菲勒中心大厦。该消息对美国人而言无疑是重磅炸弹，因为他们一直视这座大厦为美国的象征，所以这次收购使很多美国人在心理上难以接受。

在洛杉矶，经过一系列购买行动，日本人很快就在闹市区掌握了几乎一半的房地产；在夏威夷有 96％ 以上的外国投资来自日本，并且主要集中在饭店、高级住宅等不动产方面。到 80 年代末，全美国 10％ 的不动产已成日本人的囊中之物。

与此同时，更令美国人难以接受的事发生了。"索尼买下了哥伦比亚公司"，1989 年 9 月，日本著名的索尼公司对全世界宣布了这一消息，该公司以 34 亿美元的高价买下了美国娱乐业巨头———哥伦比亚影片公司（不久后又将其更名为索尼影像娱乐公司）。消息一经传出，美国舆论界顿时哗然，普通民众、报刊媒体、乃至不少政府要员，为此闹得沸沸扬扬。不久，松下电器产业公司又购买了美国音乐公司。除此之外，日本人还将资本渗透到美国的体育、文化等产业。从 1986 年到 1991 年，日本企业和政府共向美国一些著名高等学府投资 1.75 亿美元；甚至向华盛顿的五大思想库投资 540 万美元，以此影响美国政府的决策。另外诸如高尔夫球场、职业棒球队等，财大气粗的日本人也都照单全收。

统计显示，从 1985 年到 1990 年间，日本企业总共 21 起 500 亿日元以上的海外并购案中，有 18 起是针对美国公司的。短短几年间发生的这一幕幕，令美国人应接不暇。在亲眼目睹了众多本国的大公司、大产业迅速改头换面，由日本人充当老板之后，美国社会的反响十分激烈。对于日本人的收购狂潮，一些美国报刊称其"经济珍珠港"，有的则哀叹美国"引人注目的资产全都被日本购买去了"。当时，多数美国人都在惊呼日本人在"购买美国"，著名的《纽约时报》甚至担忧"总有一天日本会收购走自由女神像"。

而在美国，那些把资产卖给日本人的商人被指责成唯利是图的贪婪之辈。舆论认为这些人目光短浅，为了赚钱不惜出卖美国

知识链接

华盛顿的思想库

华盛顿的思想库有时也被称为"智囊机构"，其功能是开发研究课题、撰文出书、佐助与公共政策问题有关的论证。这些研究机构的专家经常受邀出席国会听证会、白宫咨询会，很多机构还被尊视为公共政策问题的权威。一些长期在公共政策辩论中发挥作用的华盛顿著名亚洲问题智囊机构包括：美国国会图书馆国会研究服务部、布鲁金斯学会、美国和平研究所、美国企业研究所、美国亚洲文化学院、新美国安全中心、全国亚洲研究所、战略与国际问题研究中心、华盛顿全球咨询公司等等。

的象征，他们只关心本人当下的收入，而丝毫不关怀国家未来的长久发展和经济安全。于是不断有人呼吁政府出面制止日本人的大肆购买，以确保美国的国家利益，还有人要求政府设法防止美国的房地产价格被不计成本的日本人不断抬高。总之，当时的美国几乎充斥着一片哀叹之声。美国人感到自己正开始被咄咄逼人的日本赶下世界头号强国的位置，许多人至今还认为：日本是唯一一个两次"入侵"过美国的国家———除了偷袭珍珠港，就是20世纪80年代后半期的大举"购买美国"。

对于日本人而言，则是自卑心得到了极大的满足。很多日本人为自己在世界范畴内的疯狂购买沾沾自喜。多年来只能对美国唯唯诺诺的日本似乎看到了自己有望超过美国，成为世界头号强国。一时之间，日本变成世界上最风光无限国家。

关于日元升值的初期后果，曾有经济学家做了这样一个假设：假如你1983年用100亿美元兑换成24000亿日元，进入日本市场购买股票和房地产，1985年日元开始升值，到

屹立在美国纽约的自由女神像。

1988 年初，你手中的股票和房地产最起码也翻了一番，也就是 48000 亿日元。这时，在日元升值的有利形势下，如果你把房地产和股票在一年内抛售，然后兑换回美元，那么就是 400 亿美元。这就意味着，在短短 5 年时间内，你就可以净赚 300 亿美元！那么，现实生活中真有这样的奇迹吗？

众所周知，对于日本这样视出口贸易为命脉的国家而言，维持日元的稳定性是极为重要的。因此当被迫将日元升值后，日本政府就不得不想别的办法弥补出口萎缩带来的负面影响。于是为了刺激经济的发展，日本中央银行采取了非常宽松的金融政策，鼓励资金流入房地产以及股票市场，致使房地产价格暴涨。而此时大量国际资本也纷纷进入日本的房地产业，更加刺激了房价的上涨。从 1986 年到 1989 年，日本的房价整整涨了两倍。此后，日元大幅升值，3 年间升幅 86.1%，房地产市场也随之急剧升温。在此后 6 年内，日本六大城市的商业地价狂涨 3 倍多，需求旺盛，投机盛行，房价也不可遏制地持续走高。据日本劳动省 1992 年发布的《每月勤劳统计调查》资料显示：从 1960 年至 1990 年的 30 年里，日本六大城市的地价上涨了 56.1 倍，年平均增长 14% 以上，并带动房价和其他房地产价格相应高涨。

由于担心日元升值将导致在海外市场的竞争力下降，日本政府提出了内需主导经济增长的政策，开始放松国内的金融管制。日本中央银行连续 5 次下调利率，利率水平由 1985 年的 5% 降至 1987 年 3 月以后的 2.5%。结果迅速增长的货币供应无法被已趋饱和的产业结构吸收，导致大量资金流向股市和房市。由于很低的贷款利率远远小于可观的投资收益，人们纷纷从银行借款投资到收益可观的股票和房地产中。于是，股价扶摇直上，地价暴涨。在巨额虚拟资产的光环下，一个巨大的泡沫产生了。

受房价骤涨的诱惑，许多日本人开始失去耐心。他们发现炒股票和炒房地产来钱更快，于是纷纷拿出积蓄进行投机。随着大量资金涌入房地产行业，日本地价开始疯狂飙升。自 1985 年起，东京、大阪等六大城市的土地价格每年以两位数上升，据日本国土厅公布的调查统计数据，1985 年到 1988 年的短短 3 年间，东京的商业用地价格指数暴涨了近两倍，东京中央区的地价上涨了 3 倍。在 80 年代末，日本的土地财富已经占到国家财富总额的约 70%，而同期美国仅占 25%。

随着地价暴涨，城市住宅价格也开始水涨船高。一般来说，劳动者仅靠工资收入所能购入住宅的价格限度应是年收入的 5 倍左右。20 世纪 80 年代中期之前，在东京都市圈，离开市中心一定距离的住宅勉强属于这个范围。但到 1990 年，东京都市圈的住宅价格已经超过了年收入的 10 倍，在核心地区更是达到了近 20 倍的水平，日本的房地产价格可以说已飙升到十分荒唐的程度。当时，国土面积相当于美国加利福尼亚州的日本，其地价市值总额竟相当于整个美国地价总额的 4 倍。仅东京的地价就相当于美国全国的总地价。一般工薪阶层即使花费毕生储蓄也无力在大城市买下一套住宅，能买得起住宅的只有亿万富翁和极少数大公司的高管。

虽然在日本买不起房，但在泡沫经济被空前吹大的年代，日本人的确牛了一阵。据一些出租车司机感慨，那时候动不动就会有人拿出大把钱来，要求从东京打的到名古屋。要知道，这段路程大约有 300 公里！据说在当时，东京的出租车司机一年的收入可以达到 1000 万日元，将近 100 万美元！ 当时日本还有一种说法叫"割青麦"，就是公司在学生快毕业的时候就把他订下来，然后以进修的名义送到夏威夷去，因为怕被其他企业抢走。而一进公司的时候，老板就拿出 10 万日元说"今天不用上班了，你拿着钱去银座买衣服。"

从事后看来，那绝对是一个迷乱的年代。人们对于投资的热度几乎到了疯狂的地步，一半以上的日本人都持有股票。老百姓纷纷把存在银行里的钱拿到了股市，他们坚信"你不买股票，你就是笨蛋，一年的投资回报就有100%。"在著名的商业中心东京银座，1989 年每坪（3.3 平方米）的地价竟达 1.2 亿日元。而在东京帝国广场所处的地段，一平方英里土地的价格居然比整个加利福尼亚的土地价值还

日本房地产泡沫漫画

高。由于沉浸在"地价不倒"的神话中，许多日本人开始盘算当美国的"地主"了，即把东京的地皮全部卖掉买下美国，然后再把美国土地出租给美国人住。在股市或房地产市场上赚到钱后，日本人开始挥霍了。令人不可思议的是，一向以高储蓄率和节俭出名的日本人居然在银座排着队买 LV 的包。

普通百姓尚且如此，财力雄厚的日本资本家自然更疯狂，他们四处出击，挥舞着钞票走向世界。1989 年，在夏威夷，可以建高尔夫球场的山谷只有一个还在美国人手中，其他全部被日本人买了。而著名的亿万富翁横井英树，先后购买了伦敦郊外的泰姆公园、英国南部的朱庇特山以及苏格兰久负盛名的标志性建筑——格莱乃普城堡和西班牙巴塞罗那郊区的菲尔格拉宫殿。1991 年，还以 4000 万美元将被视为纽约心脏与灵魂的帝国大厦收于麾下。

然而谁也没有想到，一场可怕的灾难正在悄悄降临……

美国纽约著名的帝国大厦也曾被日本人收于麾下

历史上最大的泡沫破灭了 ▶▶▶▶

就像我们今天的中国人所担忧的一样，不管任何时期，国家的经济发展决不能单纯依赖股市和房地产的畸形发展，因为它们的过度繁荣只能意味着泡沫的膨胀。"广场协议"后的五年，很多日本人为自己在世界范围内的疯狂购买沾沾自喜，殊不知，他们所看到的所谓经济繁荣其实是一个巨大的"泡沫"。

由于当时日本企业还缺乏海外投资经验，对美国资产的大量收购其实非常被动和盲目，结果在期货、地产等市场都损失惨重。一个典型的例子就是，三菱公司在花 14 亿美元购买洛克菲勒中心不久之后，就以半价再次卖给原主。他们其他的一些投资，如高尔夫球场等也都以失败告终。可以毫不夸张地说，一度风光无限的日本人购买的其实是一大堆"泡沫"。

所有泡沫总有破灭的时候。1989 年底，日本政府开始意识到"泡沫经济"的严重性，进而采取措施阻止投机，结果使得股价暴跌，地价急剧回落。1991 年后，继股市暴跌之后，随着国际资本获利后撤离，由外来资本推动的日本房地产泡沫迅速破灭，房地产价格随即暴跌。巨大的地产泡沫自东京开始破裂，迅速蔓延至日本全境。土地和房屋根本卖不出去，陆续竣工的楼房没有住户，空房到处都是。当年，六大城市的房地产价格就下降了 15% ~ 20%。房地产价格的暴跌，直接导致了大量房地产企业及关联企业破产。据统计，房地产破产企业的负债总额高达 3 万亿日元。由于为贷款担保的房地产价值也日益下降，使得日本金融机构不良资产不断增长，资本充足率大幅下降，并导致一些金融机构的资金周转失灵。原日本十大银行中的日本长期信用银行、日本债券信用银行以及北海道拓殖银行相继倒闭，中小金融机构破产更是接连不断，给日本经济留下了严重的后遗症。到 1993 年，日本房地产业全面崩溃，企业纷纷倒闭，遗留下来的坏账高达 6000 亿美元。

从后果上看，20 世纪 90 年代破灭的日本经济泡沫是历史上影响时间最长的一次。"泡沫经济"崩溃后，日本许多家庭的财富化为乌有，许多人因偿还不了债务而自杀。这次泡沫不但沉重打击了房地产业，还直接引发了严重的财政危机。受此影响，日本迎来历史上最为漫长的经济衰退，陷入了长达 15 年的萧条和低迷。即使进入 21 世纪后，日本经济也未能彻底走出阴影。无怪乎人们常称这次泡沫是"二战后日本的又一次战败"，把 20 世纪 90 年代视为日本"失去的十年"。

另一方面，当时日本人从美国购买的一些企业，其实已步入"中年"，而美国企业和政府却靠回笼的资金转而投资各种新兴产业。进入 90 年代后，美国很快从 80 年代的经济停滞中摆脱出来，创造了长时间的经济增长奇迹。

在泡沫破裂后的 15 年间，日本都在为这个泡沫还债：经济萧条、政局动荡、犯罪率上升。无怪乎许多经济学家感慨：日本人用了 22 年的时间，终于使人均 GDP 从世界第 18 位，达到了世界第一；但到现在，又经过了 14 年时间，日本的人均 GDP 从第一回到了第 18。

从喧嚣一时的"购买美国"，到短短几年后"泡沫经济"的破灭，日本国内对此进行了认真的反思。经济圈内很多人士将其归咎于"广场协议"，甚至称这是美国的"阴谋"，表面上看也并不无道理。但是，日本将巨额的资本投入到像美国这样的国家，却没有经过深思熟虑，这个经验教训无疑值得所有国家进行总结和思考。

天使并恶魔着：
搞垮东南亚的金融大鳄索罗斯

在财富界，天使与魔鬼能不能结合在同一个人身上？这是个问题。但是在我们所处的这个时代，还真有这样的人。这个人的名字就叫乔治·索罗斯。说他是天使，是因为他不惜投入巨资赞助慈善事业；而说他是恶魔，则是因为他通过投机手段赚钱的方式导致了无数人倾家荡产。这个当今世界最著名的投资商，竟敢以一己之力发动大规模"货币战争"，而败在他手下的对手，竟是一个个国家：英国、马来西亚、泰国、新加坡、日本、韩国……在他掀起的金融风暴中，一个个曾经繁荣一时的国家倒下了，而他本人则狂敛数十亿美元。

不可思议指数：★★★★★

命运曲折的投机奇才 ▶▶▶

都说犹太人是赚钱高手，乔治·索罗斯（George Soros）的传奇经历恐怕就是最好的注解之一。1930年，索罗斯出生于匈牙利布达佩斯一个富裕的犹太家庭。其父是一名律师，在当地颇有声望。在这样的家庭环境中，童年时代的索罗斯原本过着无忧无虑的生活。然而天有不测风云，1944年，纳粹德国入侵匈牙利。德国人的到来，意味着犹太人的灾难降临了。为了躲避迫害，索罗斯一家不得不开始逃亡生涯。幸运的是，由于好心人的帮助，他们终于躲过了这场劫难。当然，他们原有的财富也化为了泡影。

第二次世界大战结束后，索罗斯决定离开故土前往西方世界发展。1947年，年仅17岁的他离开匈牙利，在瑞士的伯尔尼短暂停留后辗转前往伦敦。到伦敦之初，身无分文的索罗斯只能靠打零工来维持生计。为了改变自己的命运，索罗斯于1949年考入伦敦经济学院。在这里，他结识了诺贝尔经济学奖获得者约翰·米德以及自由哲学家卡尔·波普（Sir Karl Raimund Popper）等著名学者。特别是后者，对于索罗斯建立金融市场运作的新理论打下了坚实的基础。尽管一度面临贫困，但他仍坚持完成了学业。1953年，索罗斯从伦敦经济学院毕业。毕业后，他先后从事过许多工作，最终经过努力进入投资银行领域，在一家银行担任经纪人。不久后，他已成为一名在黄金股票套汇方面很有专长的交易员，尤其擅长利用不同市场差价赚钱。在有了一定积蓄后，索罗斯决定离开欧洲，到世界最大的金融中心纽约闯荡一番。于是，他带着自己仅有的5000美元来到纽约，通过朋友的介绍进入梅叶公司，

投机奇才索罗斯

成为一名专事黄金和股票的套利商。

当时，由于欧洲与美洲之间的金融市场很少发生联系，因此索罗斯便利用其中的差价赚钱。1960 年，通过对德国安联公司股票的操作，索罗斯帮助其客户大赚了一笔，由此开始声名鹊起。1963 年，索罗斯开始在爱霍德·布雷彻尔德公司工作，这是一家主要经营外国证券贸易的美国公司。索罗斯被雇为分析员，一开始，他主要是从事国外证券分析。由于他在欧洲形成了联系网络，而且他能够讲多种欧洲语言，包括法语、德语，自然而然地成了在这一领域的开拓者。四年后，索罗斯已成为公司研究部的主管。几年来，他为公司赚了不少钱，并被视为老板的左膀右臂和公司的顶梁柱。但就在这时，不安于现状的索罗斯却决定离开公司，开创自己的一番事业。

经过酝酿，1969 年，索罗斯与合伙人杰姆·罗杰斯（Jim Rogers）在纽约开设了"双鹰基金"，初始资本为 25 万美元。公司刚开始运作时只有三个人：索罗斯是交易员，罗杰斯是研究员，还有一人是秘书。1973 年中东战争结束后，嗅觉敏锐的索罗斯认为美国国防部可能会花费巨资用新式武器重新装备军队，于是开始投资那些掌握大量国防部订货合同的公司股票，结果赚取了巨额利润。从此，索罗斯逐渐成为华尔街备受瞩目的人物。1979 年，索罗斯决定将公司更

知识链接

卡尔·波普

1902—1994 年，当代西方最有影响的哲学家之一。波普研究的范围甚广，涉及科学方法论、科学哲学、社会哲学、逻辑学等。1950 年，他应邀到美国哈佛大学讲学时，结识了爱因斯坦，并深得爱因斯坦的赞扬。由于他在学术上的成就，1965 年被英国皇室授予爵士称号。他还是英国科学院和美国艺术科学院的院士。当年，索罗斯虽然选修了 1977 年诺贝尔经济学奖获得者约翰·米德的课程，但他却认为自己并未从中学到什么东西。他喜欢的是另一个自由哲学家卡尔·波普。索罗斯曾说："卡尔·波普对我的影响是具有实质性意义的，我关于反身性理论的概念框架，就是在他的研究基础上建立的。"要了解索罗斯的世界，卡尔·波普是一把关键的钥匙。实际上，索罗斯许多有悖于主流经济学中关于市场理论的见解，其框架正直接脱胎于卡尔·波普提出的"开放社会"。

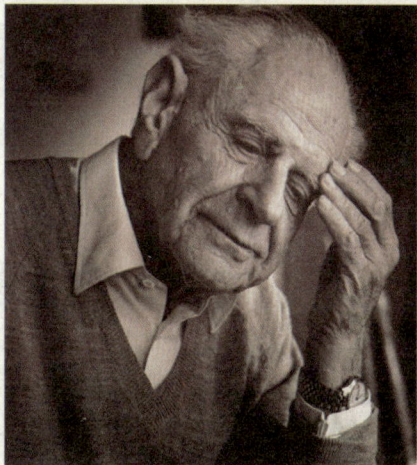

对索罗斯具有重大影响的哲学家卡尔·波普

知识链接

杰姆·罗杰斯

杰姆·罗杰斯，出生于美国亚拉巴马州一个普通工程师家庭，是与索罗斯、巴菲特齐名的投资大师。现代华尔街的风云人物，被人誉为最富远见的国际投资家，美国证券界最成功的实践家之一。这位1942年出生、毕业于耶鲁大学和牛津大学的投资大师五岁时就学会了赚钱，曾怀揣600美元独闯华尔街，后与索罗斯共创量子基金，利润率一度高达3300%；他两度环游世界，进行环球投资考察，因此创造了吉尼斯世界记录，更创造了在十多个国家进行股票交易的投资纪录。

■ 索罗斯"双鹰基金"和"量子基金"的合伙人杰姆·罗杰斯

名为量子基金（Quantum Fund）。1980年，该基金当年的25万美元资本金已经变成了8000万美元，其中索罗斯本人占到80%。与此同似乎，他的合作伙伴罗杰斯离开基金，剩下索罗斯独自一人打拼。

1980年，37岁的罗杰斯从量子基金退出，他杰出的理财术为他自己积累了数千万美元的巨大财富。1980年后，罗杰斯开始了自己的投资事业。目前已经成为全世界最伟大的投资家之一。

1985年，日本被迫与美国、英国、法国、西德签署了《广场协议》，致使日元迅速升值。由于早就看空美元，索罗斯在《广场协议》签署前后又大量卖空美元，买进日元、马克等即将升值的货币。而当国际游资大量涌入美国股市的时候，索罗斯却在大肆卖空美国股票，同时继续买进日元和马克。结果不到两年之内，他的盈利就高达122%，在对日元和马克的成功投资之后，索罗斯管理的资金规模日益增长，到1992年已经突破60亿美元大关。

■《广场协议》后，索罗斯用自己独到的投资理念投资日元和马克，赚了一大笔钱。

大战英格兰银行

到20世纪90年代，虽然索罗斯已成为华尔街响当当的人物，但他为全世界所认识，还要归功于这一时期发生的两次大的金融危机，其中第一次就是著名的英格兰银行事件。

作为老牌资本主义国家的货币，英镑几百年来都在世界金融市场上占据极为重要的地位。20世纪末期，虽然由于经济的衰退，英镑在世界市场的地位开始下降，但英格兰银行（Bank of England）作为保障市场稳定的重要机构，仍具有不可动摇的地位。然而出人意料的是，身为民间投资人的索罗斯竟公然发动了一场针对英镑和英格兰银行的货币战争，并最终取得了令人不可思议的成功。

1992年2月17日，欧洲共同体12个国家的外交部长和财政部长在荷兰的马斯特里赫特签署了《马斯特里赫特条约》，这个条约至今仍是欧洲一体化进程中最重要的里程碑。《马斯特里赫特条约》涉及政治、经济、军事、司法、公民福利等多方面内容，但关于欧洲货币联盟的规定是其中的核心，也是争议最大的部分。条约规定，欧共体（不久改称欧洲联盟）各国应当分三个阶段完成统一货币的工作，其中第一个阶段是强化当时已经存在的“欧洲汇率机制”，实现资本的自由流通；第二个阶段是建立“欧洲货币机构”，负责协调欧共体各国的货币政策；第三个阶段是建立统一的欧洲货币（欧元），并把“欧洲货币机构”升格为“欧洲中央银行”，为欧盟各国制订统一的货币政策。如果以上计划能够顺利完成，欧元将成为能够与美元相提并论的超级货币，欧盟十二国的资本市场将实现无缝接轨，资本流通的成本将大大降低，这非常有利于欧洲金融业的发展。但是，《马斯特

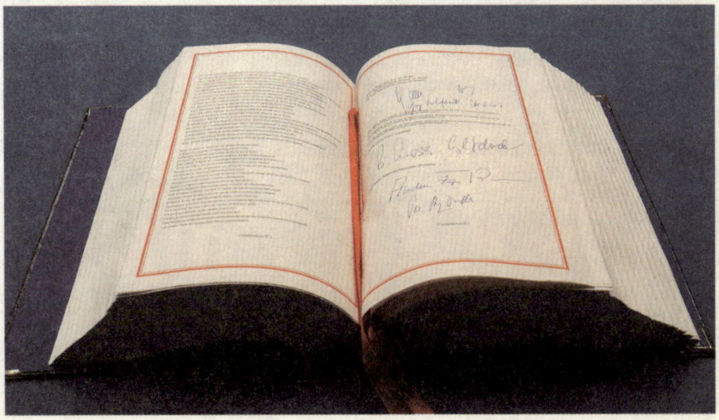

欧共体1992年签署的《马斯特里赫特条约》，索罗斯从中再次看到了巨大商机。

里赫特条约》目标的实现却存在许多困难。

面对这一重大事件，索罗斯经过冷静分析，认定刚刚统一的德国（东欧剧变，东德和西德刚刚合并）将无暇帮助其他欧洲国家渡过经济难关，而这将对其他欧洲国家的经济及货币带来深远的影响。果然，条约签订不到一年，一些欧洲国家便很难协调各自的经济政策。当时英国经济长期不景气，要想刺激本国经济发展，惟一可行的方法就是降低利率，虽然首相约翰·梅杰多次强调要维持英镑，保持其在欧洲货币体系的地位，但索罗斯认为这不过是虚张声势。

1992年9月，索罗斯及一些长期进行套汇经营的共同基金和跨国公司在市场上抛售疲软的欧洲货币，使得这些国家的中央银行不得不拆巨资来支持各自的货币价值。在这场较量中，索罗斯是中坚力量，仅他一人就动用了100亿美元。9月15日，索罗斯决定大量放空英镑。英镑对马克的比价一路狂跌，虽有消息说英格兰银行购入30亿英镑，但仍未能挡住英镑的跌势。到傍晚收市时，英镑对马克的比价差不多已跌至欧洲汇率体系规定的下限，英镑已处于退出欧洲汇率体系的边缘。到16日，英国政府彻底失败，退出了欧洲汇率体系。尽管在这场捍卫英镑的行动中，英国政府甚至动用了价值269亿美元的外汇储备，但还是以失败而告终。当时，英国金融界把这一天称为"黑色星期三"。随后，意大利和西班牙也纷纷宣布退出欧洲汇率体系，意大利里拉和西班牙比塞塔开始大幅度贬值。

具有悠久历史的英格兰银行

通过这场对英镑的货币战争，索罗斯狂赚1亿美元，被著名的《经济学家》杂志称为"打垮了英格兰银行的人"。而在这一年，索罗斯的基金增长了67.5%，他个人也因净赚6.5亿美元而成为华尔街收入最高的人。

接下来，索罗斯又将目光瞄准东南亚，准备在那里再度掀起一场波澜。

掀起东南亚金融风暴 ▶▶▶

20 世纪 90 年代初期，当西方发达国家正处于经济衰退的过程中，东南亚国家的经济却出现奇迹般的增长，东南亚的经济发展模式一度被视为发展中国家的样板。由于过度乐观，东南亚国家纷纷放宽金融管制，推行金融自由化，结果却将各自的货币无任何保护地暴露在国际游资面前。加上由于经济的快速增长，东南亚各国普遍出现了过度投机房地产、高估企业规模以及市场需求等，发生经济危机的危险逐渐增加。

面对东南亚各国金融市场如此巨大的金融漏洞，索罗斯自然不会放过机会，他决心再打一场英格兰式的战役。随着东南亚各国经济过热的加剧，各国中央银行采取不断提高银行利率的方法来降低通货膨胀率。特别是泰国，问题暴露得更加严重。于是索罗斯决定从东南亚资本市场上这一最薄弱的环节下手，首先大举袭击泰铢（Thai baht），进而扫荡整个东南亚国家的资本市场。

1997 年 3 月，当泰国中央银行宣布国内 9 家财务公司和一家住房贷款公司存在资产质量不高以及流动资金不足问题时，索罗斯认为千载难逢的时机已经来了。他开始大量抛售泰铢，致使泰国外汇市场立刻动荡不宁。泰铢一路下滑，5 月份最低跌至 1 美元兑 26. 70 铢。虽然泰国中央银行曾采取了各种应急措施，一度稳定了局势，但索罗斯并没有罢手。1997 年 6 月下旬，索罗斯筹集了更加庞大的资金，再次向泰铢发起了猛烈进攻，各大交易所一片混乱，泰铢狂跌不止，交易商疯狂卖出泰铢。尽管泰国政府动用了 300 亿美元的外汇储备和 150 亿美元的国际贷款企图力挽狂澜，但仍无济于事。7 月 2 日，泰国政府由于再也无力与索罗斯抗衡，不得已改变了维系 13 年之久的货币联系汇率制，实行浮动汇率制。泰铢更是狂跌不止，7 月 24 日，泰铢已跌至 1 美元兑 32. 63 铢的历史最低水平。泰国政府被国际投机家一下子卷走了 40 亿美元，许多泰国人的腰包也被掏个精光。

初战告捷后，并不满足的索罗斯决定席卷整个东南亚，再狠捞一把。结果，索罗斯飓风很快就扫荡了印度尼西亚、菲律宾、缅甸、马来西亚等国家。印尼盾、菲律宾比索、缅元、马来西亚林吉特纷纷大幅贬值，导致工厂倒闭、银行破产，物价上涨等一片惨不忍睹的景象。这场扫荡东南亚的索罗斯飓风一举刮去了百亿美元之巨的财富，使这些国家几十年的经济增长化为灰烬。紧接着，这场金融危机

泰国纸币 1000 泰铢

又迅速波及巴西、波兰、希腊、新加坡等国家，这些国家的政府也不得不动用国库支持本国货币及证券市场。

可以说，索罗斯堪称当今世界头号投资家。自从他进入国际金融领域以来，几十年间始终在创造不可思议的奇迹。据说，他的薪水要比联合国中 42 个成员国的国内生产总值还要高。正因如此，许多人将他称为"金融杀手"、"魔鬼"。如前所述，多年来，他所率领的投机资金在金融市场上兴风作浪，翻江倒海，刮去了许多国家的财富，掏空了成千上万人的腰包，使他们一夜之间变得一贫如洗。尤其是在东南亚金融风暴期间，索罗斯竟洗劫了百亿美元之巨的财富，使这些国家几十年的经济增长化为灰烬。由此，几乎所有亚洲人都记住了这个可怕的人，人们开始叫他"金融大鳄"，许多人更将其视为甚至一个十恶不赦、道德败坏的家伙！但是索罗斯自己却不这样认为，他说："我是一个复杂的人，在世界一些地区，我以迫使英格兰银行屈服和使马来西亚人破产而出名，即作为投机者和魔鬼而出名。但在世界其他地区，我被视作'开放社会'的捍卫者。" 而另一方面，他又频频赞助慈善事业，从不吝啬。

至于索罗斯究竟是天使还是恶魔，还是由你来评判吧。

▓ 索罗斯，当今世界最著名的金融投资人，一个备受争议的敛财者。

▓ 索罗斯掀起的金融风暴，使曾经充满活力的东南亚经济遭遇了一场危机。

二十

百年基业的毁灭：
小交易员搞垮了巴林银行

大学毕业后，如果给你这样一个机会：进入一家世界著名老牌银行工作，几年后上司就提拔你当上了部门经理。你会怎么样？想想吧，你每天拿着好几万美元的高薪，年终还有不菲的奖金。是不是一定兢兢业业地工作，想尽一切办法保住这份工作？可能我们绝大多数人都会这样。假如了解一下尼克·李森的故事，你就会知道什么是胆大包天了。1995年，这位当时年仅28岁的年轻人，居然以普通交易员的身份搞垮了他的东家——赫赫有名的巴林银行，而后者的总资产居然高达94亿美元，所管理的资产更是高达460亿美元。看来，这个李森真是疯了。

不可思议指数：★★★★★

老牌银行新来的年轻人 ▶▶▶

Baring Corilius Private Equity

■ 巴林银行标志

■ 美国 19 世纪初期各州地图。1803 年，当美国决定从法国手中购买面积达 200 多平方公里的路易斯安纳时，所需的资金就来自巴林银行。

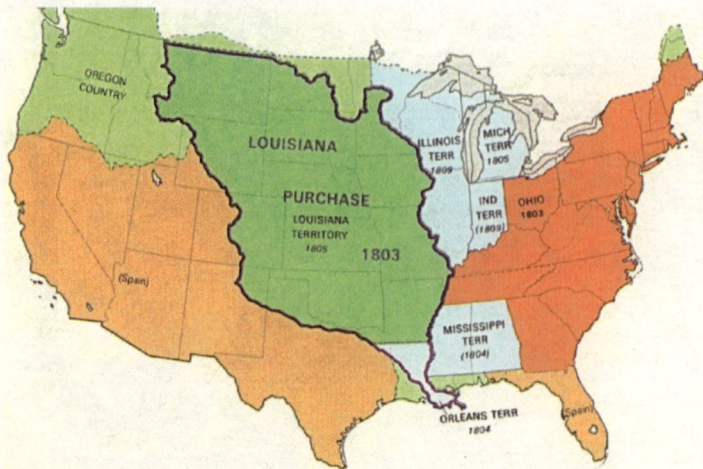

想当年，提起巴林银行（Barings Bank），在西方金融界可谓声名赫赫。1763 年，弗朗西斯·巴林爵士（Francis Baring）在伦敦创建了巴林银行。作为世界上首家"商业银行"，它既为客户提供资金和有关建议，自己也做买卖。由于经营灵活变通、富于创新，巴林银行很快就在国际金融领域获得了巨大的成功，其业务范围也相当广泛。在早年的发展史上，这家银行就因一系列大手笔而备受瞩目。1803 年，当美国决定从法国手中购买面积达 200 多万平方公里的路易斯安那时，所需的资金就来自巴林银行。1886 年，当巴林银行发行"吉尼士"证券时，立刻引发了申购狂潮，以至于不得不动用警力来维持秩序。到 20 世纪初，巴林银行迎来了历史上最辉煌的转折——英国皇室成为它的客户。从此，双方一直维持着密切的关系。为表彰巴林银行的卓越贡献，英国皇室曾先后赠与巴林家族五个世袭的爵位。

从 20 世纪 90 年代开始，擅长企业融资和投资管理的巴林银行向海外发展，在新兴市场开展广泛的投资活动。仅 1994 年，它就先后在中国、印度、巴基斯坦、南非等地开设办事处，其业务网络点主要在亚洲及拉美新兴国家和地区。截止 1993 年底，巴林银行的全部资产总额为 59

亿英镑，1994年税前利润高达15亿美元；其核心资本在全球1000家大银行中排名第489位，一度在全球范围内掌控270多亿英镑的资产。不料天有不测风云，正当巴林银行处于鼎盛之际，却在1995年陷入灭顶之灾。而导致这一后果的，居然是一名年仅28岁的年轻交易员。

1989年7月10日，一位名叫尼克·李森（Nick Leeson）的年轻人来到巴林银行工作。别看他年仅22岁，但已有相当的金融资历了。在此之前，李森曾在大名鼎鼎的摩根斯坦利银行清算部工作两年。但他一直想到交易大厅中当交易员为银行赚取利润并取得丰厚的薪金，结果在摩根斯坦利没能如愿。1989年，李森从摩根斯坦利辞职，转投巴林银行，并继续在期货与期权部门作清算工作。9个月后，他争取到了到印尼工作的机会，但巴林银行在雅加达的业务非常混乱，有大量的票证没有得到应有的处理，工作人员没有办公室，并将票证随意堆放到地下室，亏空高达一亿英镑。尼克·李森便在这里开始清理票证，为巴林银行消除了一亿英镑的负债，并在此结识了他后来的妻子莉萨。

在雅加达获得的成功，以及摩根斯坦利银行对他的培训使尼克·李森被视为期货与期权结算方面的专家，他也确实聪明而善于逻辑推理。巴林银行伦敦总部对李森在印尼的工作相当满意，并允许可以在海外给他安排一个合适的职务。1992年初，当巴林银行在新加坡成立分行时，李森顺利地成为新加坡分行期货与期权交易部门的总经理。由于深受上司的赏识，李森的地位也节节上升，以至被允许加入由18人组成的巴林银行集团的全球衍生交易管理委员会。对于任何一名年仅二十多岁的年轻白领来说，这一切绝对是梦寐以求的。然而没过几年，这名原本前程美好的年轻人却制造了一起惊天大案。

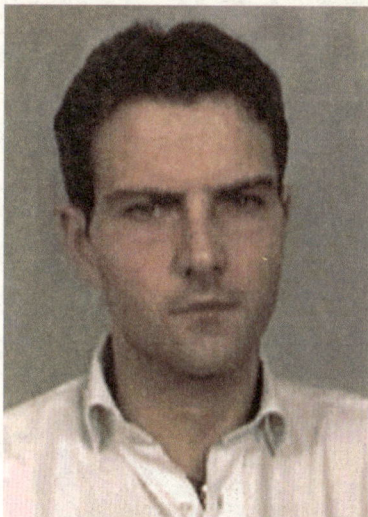

尼克·李森

尼克·李森曾经工作过的摩根斯坦利银行

神奇的 "88888" 账户

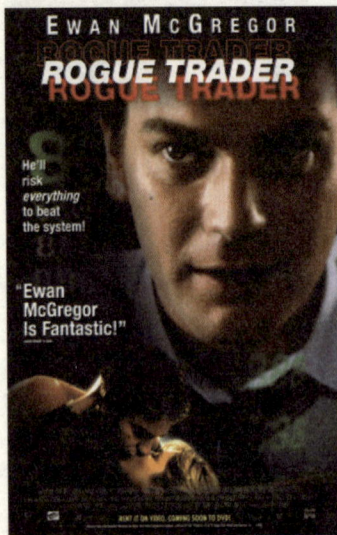

EWAN McGREGOR
ROGUE TRADER

He'll risk everything to beat the system!

"Ewan McGregor Is Fantastic!"

■根据尼克·李森故事改编的电影《魔鬼交易员》（rogue trader）中的交易员尼克·李森

我们外人可能不知道，银行系统内有许多特殊的规则，"错误账户"就是其中之一。由于在从事金融交易的过程中难免犯错误，银行内部便规定，如果错误无法挽回，就必须将该项错误转入电脑中一个被称为"错误账户"的账户中，然后向银行总部报告。殊不知，正是这个本不起眼的账户，最终酿成了可怕的灾难。

当李森于 1992 年到新加坡任职时，巴林银行原本有一个帐号为"99905"的"错误账户"，专门处理交易过程中因疏忽所造成的错误。这年夏天，伦敦总部的一位负责人给李森打了一个电话，要求他另设一个"错误账户"，用以记录较小的错误，并自行在新加坡处理，以免麻烦伦敦的工作。于是李森马上找来了手下利塞尔，二人商量后建立了一个帐号为"88888"的"错误账户"。看来，身在新加坡的李森想必也受到了中国文化的影响，对"8"这样的吉利数字情有独钟。不过仅过了几周，伦敦总部又打来电话，要求新加坡分行仍按老规矩行事，所有的错误记录仍由"99905"账户直接向伦敦报告，而刚刚建立的"88888"错误账户则被搁置。但伦敦方面却不知道，"88888"这个账户并没被李森取消，而日后的祸根也就此埋下了。

1992 年 7 月 17 日，李森手下一名交易员金·王犯了一个错误，导致银行损失 2 万英镑。当天晚上进行清算工作时，李森发现了此项错误。但或许是为了维护自己的"政绩"，他并没有向伦敦总公司报告，而是利用错误账户"88888"掩盖了这个失误。如果说区区几万英镑对于巴林银行就是九牛一毛的话，那么几百万英镑就不是小数目了。不久后，李森的好友及委托执行人乔治也犯了类似的错误。当时乔治正因与妻子离婚而整日沉浸在痛苦之中，工作中也屡屡犯错。结果在操作一笔期货交易时，他一下就给银行造成了 800 万英镑的损失。

得知此事后，为了挽救这位最好的朋友，也为了保住自己的位子，李森再度使用了看起来"万能"的"88888"账户。随后，心虚的他又想尽一切办法弥补亏空。到1993年7月，经过自己的努力，他已将"88888"账户亏损的600万英镑转为略有盈余。

没想到，就在这时，李森又犯下了新的错误。当时，由于清算记录的电脑屏幕故障频繁，无数笔交易入帐工作都积压起来。因为系统无法正常工作，交易记录都靠人力，等到发现各种错误时，李森在一天之内的损失便已高达将近170万美元。在无路可走的情况下，李森决定继续隐藏这些失误。当伦

电影《魔鬼交易员》中真实再现了小小交易员摧毁百年银行的传奇故事。

敦总部派人前来审计新加坡分部的帐目时，李森居然通过每晚灌醉审计员过了关。久而久之，"88888"账户似乎已成了李森的救命符。到1994年时，账户上的金额已达到惊人的5000万英镑！令人遗憾的是，巴林银行总部尽管有所怀疑，但每次都被李森轻易地蒙混过关了。另一方面，由于看重李森在期货交易方面的才能，许多高层管理者反而对其青睐有加。他们的态度可能是有道理的，因为在1994年上半年，里森的确为巴林银行赚进了250万美元。结果在这年底纽约举行的一个巴林金融成果会议上，250名在世界各地的巴林银行工作者还将李森当成英雄，对其报以长时间热烈的掌声。

大地震引发的"大地震" ▶▶▶

起初，李森曾通过大阪股票交易所、东京股票交易所和新加坡国际金融交易所买卖日经225股票指数期货和日本政府债券期货，从中赚取微薄的差价，也一度为巴林银行赚取了巨额的利润。因此，以稳健、大胆著称的李森被国际金融界誉为"天才交易员"。从1994年下半年，李森预测日本股市将会有大涨趋势，于是贸然大量买进日经225指数期货合约和看涨期权。然而人算不如天算，一场突如其来的自然灾难却打碎了他美梦。

1995年1月18日，日本神户大地震，其后数日东京日经指数大幅度下跌，李森一方面遭受更大的损失，另一方面购买更庞大数量的日经指数期货合约，希望日经指数会上涨到理想的价格范围。1月30日，李森以每天1000万英镑的速度从伦敦获得资金，买进了3万口日经指

■ 今日尼克·李森。

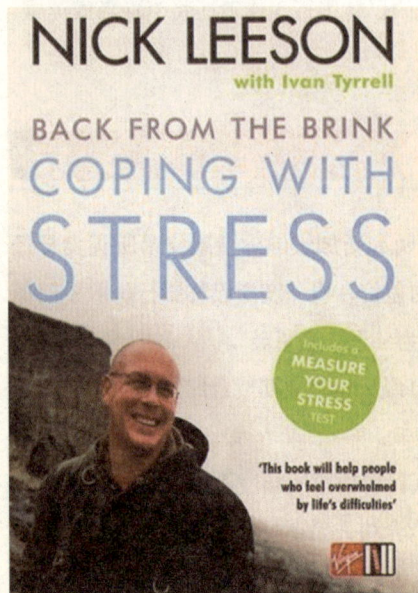
■ 尼克·李森狱中完成的《我如何弄垮巴林银行》
（ Back from the brink coping with stress ）一书。
本应属于尼克·李森的一切版权收入，都将用
来偿还巴林银行债权人的债务。

数期货（"口"即份，期货指数的单位。），并卖空日本政府债券。2 月 10 日，李森以新加坡期货交易所交易史上创纪录的数量，已握有 55000 口日经期货及 2 万口日本政府债券合约。殊不知交易数量愈大，损失愈大。

在 2 月份的最后阶段，李森每天都忙于交易，工作后则到酒吧躲避工作人员的过问。2 月中旬以来，李森吸收了 5 亿多英镑筹资，而巴林银行全部的股份资金底额也只有 4 亿 7000 多万英镑。1995 年 2 月 23 日，在巴林期货的最后一日，李森对影响市场走向的努力彻底失败。日经股价收盘降到 17885 点，而李森的日经期货多头风险部位已达 6 万余口合约；其日本政府债券在价格一路上扬之际，其空头风险部位亦已达 26000 口合约。李森为巴林所带来的损失，在巴林的高级主管仍做着次日分红的美梦时，终于达到了 86000 万英镑的高点，从而造成了世界上最老牌的巴林银行终结的命运。

眼看自己所捅的这个窟窿越来越大，2 月 23 日，李森突然失踪，其所在的巴林新加坡分行持有的日经 225 股票指数期货合约超过 6 万张，占市场总仓量的 30% 以上，预计损失逾 10 亿美元之巨。这项损失，已完全超过巴林银行约 5.41 亿美元的全部净资产值。灾难面前，巴林银行不得不紧急求助于英格兰银行，希望挽救局面。然而这时它的损失已达 14 亿美元，并且随着日经 225 指数的继续下挫，损失还将进一步扩大，英格兰银行也束手无策。最终，这家拥有 200 多年历史的贵族银行被迫宣告倒闭。就这样，一名职员的个人失误竟瞬间毁掉了一家老牌银行。尽管李森最终在德国落网并被引渡回新加坡入狱，但一切已无济于事。留给后人的，只有刻骨铭心的教训。

"败家"也有后来人 ▶▶▶

就在巴林银行惨剧发生后一年，日本又惊爆一起金融丑闻，这便是著名的"住友事件"。众所周知，住友商社堪称日本最老牌的财团之一，尤其在铜的国际交易中扮演着重要角色。但在1996年6月，同样是由于一位交易员的违规操作，住友家族的百年基业差点毁于一旦。

这位交易员名叫滨中泰男，1970年加盟住友商社（sumitomo），时年仅22岁。由于在交易过程中表现出了非凡的能力，他得以被任命为住友的有色金属交易部部长和首席交易员，代表住友在国际铜市上连续征战达20多年。到20世纪80年代末，他手中竟能控制全球铜交易量的5%之多，并因此被业内人士称为"百分之五先生"。但是令很多人吃惊的是，刚愎自用的滨中泰男居然未经授权就打着公司的旗号以私人账户冒险进行期铜交易，试图通过操纵国际期铜市场而谋取巨额利润。

据披露，早在1991年，滨中泰男就有操纵国际期铜市场的迹象。他通过伪造交易记录、操纵市场价格等手段，刻意对抗市场的供求状况。由于当时没有引起有关风险控制部门的注意，滨中泰男的冒险曾一度获得成功。从1994年到1995年，由于他控制了许多交割仓库的库存，导致国际铜价从1600美元/吨飙升到3082美元/吨。但到1995年下半年，随着铜产量的大幅增加，市场终于暴露出混乱的动向。同年10月，在英美等国证券期货监管部门的追查下，滨中泰男的行为终于败露。

在重重压力下，滨中泰男被迫忍痛抛盘，结果到

违规操作的住友商社交易员滨中泰男

日本新宿住友商社总部

207

1996 年 5 月，期铜已经跌至 2500 美元 / 吨以下。与此同时，国际铜市上开始流传这位 "百分之五先生" 即将被迫辞职的谣言。受此影响，大量恐慌性抛盘出现了。在了解实情后，1996 年 6 月 24 日，住友商社宣布解雇滨中泰男，随后铜价更是一泻千里，24 小时之内就由 2165 美元 / 吨跌至 1860 美元 / 吨。据估计，仅此一项，住友商社就蒙受了 18 亿美元的损失；而由于股票价格的下跌，总亏损可达 40 亿美元。

智利国家铜业公司标志

这场风波结束后，滨中泰男被判处了 8 年监禁，但住友商社却不得不为他的超级失误 "埋单"。在惨重的损失面前，住友商社的总裁秋山富一痛心疾首地说："他（滨中泰男）十分富于自制力，而且也十分讲究逻辑，于是我信任他，并委任他为首席金属交易员。但我现在感到非常失望！"

就在日本的滨中泰男违规操纵国际期铜市场时，在世界第一大产铜国智利，另一位交易员也掀起了一场惊天波澜，并给国家带来了巨大损失。

大名鼎鼎的智利国家铜业公司（Corporacion Nacional del Cobre）是一家全资国有企业，由智利政府成立于 1976 年，它集铜矿开采、冶炼和铜金属销售于一体。在铜矿储量、电解铜和钼的生产量方面，这家世界级的矿业公司都居世界首位，其中精铜总产量约占世界总产量五分之一。然而就是这样一家大公司，也因一名交易员的违规操作而损失惨重。

原来在 1989 年到 1994 年期间，智利铜业公司的首席交易员胡安·戴维利亚违反有关规定，擅自在国际期铜市场上进行多次未经授权的交易。尤其恶劣的是，为了谋取私利，负责本公司所有矿产期货合同的他还受一些跨国公司的指使操纵期铜市场，而自己则捞取大量回扣。

到 1994 年左右，针对国际期铜市场不同寻常的波动，智利铜业公司开始产生怀疑并随即着手进行调查。经过三年多的调查，戴维利亚的罪行逐渐败露。而这时，智利铜业公司已蒙受了至少 2.7 亿美元的亏损。

令人哭笑不得的是，据有关资料披露，这名金融期货交易员之所以酿成一场惨剧，居然缘起于一次小小的失误。戴维利亚声称，在 1992 年 9 月时，他曾犯了一个 "小小" 的错误：在应该 "购入" 的时候向电脑输了几个 "售出" 指令，还有几次把 "售出" 当作 "购入"。当他意识到自己的错误时，已经损失了 4000 万美元。于是为了弥补损失，他便接着进行违法交易，但这一系列交易却都以失败收场。

　　最终到 1994 年 1 月时，他造成的损失已达 2.7 亿美元，而这个数字差不多等于整个智利国民生产总值的 0.5%！

　　事件曝光后，34 岁的戴维利亚被公司开除，智利政府随后以非法交易活动的罪名逮捕了他。由于情况复杂，这案件惊动了智利、英国和美国三地的法院，并牵涉到一大批公司和个人。1997 年，法庭宣告以欺诈和逃税罪名判处戴维利亚三年徒刑和罚款两千多万美元。尽管如此，这起欺诈交易丑闻带给国家的巨大损失却永远无法弥补。后来，智利人甚至怀着苦涩的心情发明了一个新词："戴维利亚尔"，意即"堂而皇之地将事情搞砸"。

　　在对戴维利亚案件进行追查的过程中，就连著名的美林公司也受到了牵连。作为世界上最大的金融管理咨询公司之一，该公司向来有着良好的声誉。在受到与戴维利亚丑闻有染的指控后，为了平息风波，美林公司被迫同意支付 2500 万美元，与智利铜业公司实现庭外和解。最终，智利铜业公司发表声明，宣称没有发现任何证据表明美林公司曾给戴维利亚回扣。

■ 美林公司办公楼